立体构成

主编 郭宜章、孙宇萱、徐慧丽
编著 尹铂、彭巍

中国青年出版社

图书在版编目（CIP）数据

立体构成 / 郭宜章,孙宇萱,徐慧丽主编; 尹铂,彭巍编著. —北京: 中国青年出版社, 2015.7（2023.9重印）
中国高等院校"十三五"精品课程规划教材
ISBN 978-7-5153-3536-0

I.①立… II.①郭… ②孙… ③徐… ④尹… ⑤彭… III.①立体造型—高等学校—教材 IV.①J06

中国版本图书馆CIP数据核字（2015）第162424号

律师声明

北京默合律师事务所代表中国青年出版社郑重声明：本书由著作权人授权中国青年出版社独家出版发行。未经版权所有人和中国青年出版社书面许可，任何组织机构、个人不得以任何形式擅自复制、改编或传播本书全部或部分内容。凡有侵权行为，必须承担法律责任。中国青年出版社将配合版权执法机关大力打击盗印、盗版等任何形式的侵权行为。

侵权举报电话

全国"扫黄打非"工作小组办公室　　　中国青年出版社
010-65233456　65212870　　　　　　010-59231565
http://www.shdf.gov.cn　　　　　　　E-mail: editor@cypmedia.com

中国高等院校"十三五"精品课程规划教材
立体构成

主　　编：郭宜章　孙宇萱　徐慧丽
编　　著：尹铂　彭巍
编辑制作：北京中青雄狮数码传媒科技有限公司
策划编辑：张军
责任编辑：张军
助理编辑：杨昕宇　张君娜
书籍设计：彭涛　吴艳蜂
出版发行：中国青年出版社
社　　址：北京市东城区东四十二条21号
网　　址：www.cyp.com.cn
电　　话：010-59231565
传　　真：010-59231381
印　　刷：北京博海升彩色印刷有限公司
规　　格：787mm×1092mm　1/16
印　　张：7
字　　数：279千字
版　　次：2015年7月北京第1版
印　　次：2023年9月第11次印刷
书　　号：ISBN 978-7-5153-3536-0
定　　价：49.80元

如有印装质量问题，请与本社联系调换
电话: 010-59231565
读者来信：reader@cypmedia.com
投稿邮箱：author@cypmedia.com
如有其他问题请访问我们的网站：http://www.cypmedia.com

目录
C O N T E N T S

引言   6

第 1 章
概述

1.1 立体构成的基本概念	2
1.2 立体构成的对象	2
1.3 立体构成的学习方法	2
1.3.1 想象力训练	2
1.3.2 观察力培养	2
1.3.3 有机形获取	2
1.3.4 抽象力培养	2
1.3.5 立体形的语意	3
1.3.6 灵感的获得	3
1.4 立体构成的沿革	3
1.4.1 立体主义对立体构成的影响	3
1.4.2 风格派对立体构成的影响	5
1.4.3 构成主义对立体构成的影响	5
1.4.4 解构主义对立体构成的影响	6
1.4.5 包豪斯对立体构成的影响	7

第 2 章
形态

2.1 形态的含义	10
2.1.1 形态的生成	10
2.1.2 形态的本质	10
2.2 形态的分类	10
2.2.1 自然形态	10
2.2.2 人工形态	11
2.3 形态的要素	13
2.3.1 形与立体构成	13
2.3.2 色彩与立体构成	17
2.3.3 肌理与立体构成	19
2.4 形态的构成	19
2.4.1 形态的构成方法	19
2.4.2 形态的构成形式	20
2.5 形态的感觉	20
2.5.1 体量感	20
2.5.2 空间感	23
2.5.3 错视感	24
2.5.4 肌理感	25
2.5.5 色彩感	27
教学实战：立体肌理制作	28

第 3 章
立体构成与形式法则

3.1 对比与调和	30
3.2 对称与均衡	31

3.3 节奏与韵律 33
    3.3.1 重复 33
    3.3.2 渐变 34
    3.3.3 起伏 34
    3.3.4 交错 35
    3.3.5 特异 35
3.4 比例与尺度 35

第 4 章 立体构成的材料与构造

4.1 材料的特性 38
    4.1.1 材料的力学特性 38
    4.1.2 材料的加工特性 38
    4.1.3 材料的视觉特性 38
4.2 常用材料 38
    4.2.1 纸类材料 38
    4.2.2 泡塑材料 39
    4.2.3 布绳材料 40
    4.2.4 竹木材料 40
    4.2.5 泥石材料 41
    4.2.6 金属材料 41
    4.2.7 废旧材料 42
4.3 材料的加工 42
    4.3.1 变形 42
    4.3.2 镂空 43
    4.3.3 编织 43
    4.3.4 解构 44
    4.3.5 组合 45

第 5 章 半立体构成

5.1 半立体构成的特点 48
    5.1.1 观视角度 48
    5.1.2 尺度观念 48
5.2 半立体构成的加工 48
    5.2.1 折叠加工 48
    5.2.2 压屈加工 50
    5.2.3 切割加工 50
    5.2.4 翻转加工 52
教学实战一：造型的纸面切割练习 54
教学实战二：平面纸对折的练习 54

第 6 章 线材构成

6.1 线的特征 56
    6.1.1 线的粗细 56
    6.1.2 线的直曲 56
    6.1.3 线的排列 57
    6.1.4 线的质感 57
6.2 线材构造 58
    6.2.1 框架构造 58
    6.2.2 垒积构造 59
教学实战：线的立体构成 66

第 7 章 面材构成

7.1 面的特征 69
    7.1.1 面的厚薄 69
    7.1.2 面的形式 69
7.2 面材构造 69
    7.2.1 折板构造 69
    7.2.2 薄壳构造 71
    7.2.3 插接构造 72

7.2.4 层积构造		73
7.2.5 曲面翻转构造		75
7.2.6 切割拉伸构造		77
7.2.7 多面构造		78

教学实战：面的立体构成   81

第 8 章
块材构成

8.1 块的特征   83
    8.1.1 几何平面型块体   83
    8.1.2 几何曲面型块体   83
    8.1.3 自由曲面体   83

8.2 块材的构成   83
    8.2.1 单体变形   83
    8.2.2 减法创造   84
    8.2.3 加法创造   85

教学实战：块的立体构成   86

第 9 章
立体形态综合造型

9.1 几何形体构成   88
    9.1.1 球体构成   88
    9.1.2 立方体构成   88
    9.1.3 柱体构成   89
    9.1.4 锥体构成   90

9.2 抽象形体构成   90
    9.2.1 动态构成   90
    9.2.2 力学构成   91
    9.2.3 空洞构成   91
    9.2.4 空间构成   92
    9.2.5 仿生构成   92
    9.2.6 软雕塑构成   93
    9.2.7 光立体构成   93

9.3 装置观念构成   95
    9.3.1 成品装置构成   95
    9.3.2 室内装置构成   96
    9.3.3 户外装置构成   97

教学实战：从具象到抽象——三维构成创作   97

第 10 章
立体构成的设计应用

10.1 立体构成的创新   99
    10.1.1 传统立体构成的研究对象   99
    10.1.2 当代立体构成的服务对象   99

10.2 立体构成的应用表现   99
    10.2.1 立体构成与雕塑设计   99
    10.2.2 立体构成与产品造型设计   99
    10.2.3 立体构成与建筑设计   100
    10.2.4 立体构成与室内设计   101
    10.2.5 立体构成与展示设计   101
    10.2.6 立体构成与包装设计   101
    10.2.7 立体构成与服装设计   102

附录　立体构成所需工具   105

参考文献   106

引言

　　"三大构成"中的立体构成是一门研究形态创造与造型设计的独立学科。在平面构成造型、色彩规律构成的基础上,它赋予了设计更多一个维度的思考。立体构成的学习对于建筑设计、室内设计、景观设计、工业设计、雕塑设计等学科有着积极的关联意义。

　　本课程从二维平面的纸的变形出发,由半立体到立体,引导学生将适宜的材料归纳为点、线、面、体等基本的造型元素,应用以力学为依据、以视觉为指导的构成形式法则来研究空间的立体形态关系。通过对立体构成学科的学习,学生能更好地建立立体空间形态意识,了解空间的虚实构成形式,以具象形态作为抽象造型的基础进行理性地、逻辑地再造,并赋予其充足的视觉冲击力。

第1章 概述

我们生活在三维世界中,日常所接触的各种物体,小到一只蚂蚁,大到摩天大楼,都具有三维的立体形态。立体构成就是在三度空间中,把具有三维的形态要素,按照形式美的构成原理进行组合、拼装、构造,从而创造出一个符合设计意图的、具有一定美感的、全新的三维形态的过程。

1.1 立体构成的基本概念

立体构成是运用一定的材料，以视觉为基础，以力学为依据，将造型要素按照一定的构成原则组合成美好的形体的过程。它是研究立体造型各元素的构成法则。其任务是，揭开立体造型的基本规律，阐明立体设计的基本原理。

立体构成是由二维平面形象进入三维立体空间的构成表现，两者既有联系又有区别。它们的联系是，它们都是一种艺术训练，引导了解造型观念，训练抽象构成能力，培养审美观，接受严格的纪律训练；它们的区别是，立体构成是三维的实体形态与空间形态的构成，结构上要符合力学的要求，材料也影响和丰富着形式语言的表达。立体构成用厚度来塑造形态，它是制作出来的。同时立体构成离不开材料、工艺、力学和美学，是艺术与科学相结合的体现。

1.2 立体构成的对象

立体构成的对象分为三方面。一是"构成"形态的基本要素，如点、线、面、体、空间等；二是制作形态的材料，如木材、石材、金属等；三是材料构成过程中的形式要素，如平衡、对称、对比、调和、韵律、意境等。

1.3 立体构成的学习方法

学习立体构成，需要抱有坚定的信念和开拓精神，从立体造型的特点出发，不断训练空间转换能力和立体想象力，培养对形体的概括、提炼和联想能力。这就要求学习者具有良好与敏锐的造型意识和恰当的表现方法。

1.3.1 想象力训练

从平面的形转为立体的态，没有想象力是无法实现的。立体形态的想象力是完成立体构成创作的基本能力，我们需要通过对基础造型的学习、训练，提高自己由平面进入立体的空间转换能力和立体想象能力。

缺少时空观念是立体空间创造的障碍，尤其是在已经形成了多年固有的二维思维习惯后，很多学生很难突破平面的思维意识。时空观念不仅指3D空间，还包括空间的延续、生命的跨越。好的立体构造能使人产生突破时空的无限联想，而时空观念的有无则是能否创造立体空间的关键。

1.3.2 观察力培养

观察能力是一切视觉活动的必备条件，对自然的观察实质上是对自然形式的本质的有意识观看和全方位观察，是超越物象的表象而达到的对物质内在结构的理解，并借此获得对对象结构性质的完整认识和整体把握，从而达到对形体的超然的体验，使我们获得对自然的独特感受能力。通过对结构的分析，我们的思维就会产生创意性的想象，从而为进一步的构想和设计奠定基础。想象力与创造力就是对自然的内在规律的认识和对于形体结构的创意的理解。

1.3.3 有机形获取

自然世界为设计提供了无限的素材，成为创造力"取之不尽，用之不竭"的源泉。人类与其生存环境一向是互为渗透、互为适应的，我们生活中的许多器具都蕴含着人类对自然形态的感受与再创造，也体现了人类对于有机生命的欣赏与追求。有机形态符合中国古代"天人合一"的自然观，而追求与环境的天然和谐也是当代的主题。物体的有机性质是指物象的生长模式，即物象的结构单位及组合规律，物象的生长模式决定了物体世界的基本样式。结构规则显现为有条理与无条理、对称与均衡、动态与静态，而无论物象呈现的规则如何不同，其结构都是由一些相同的小的结构单位按一定的规律组合而成的。这些小的结构单位本身具有明确的图形暗示，能启发我们的想象，它具有被其他性质的结构单位替换的可能性，同时还有按照新的组合系统重聚的潜在契机，这种结构单位的生长模式有着与生俱来的严谨而生动的生命机制。这些对生命机制结构关系的感受，将启发我们的想象，采用这些结构单位，就可以发明新的组合系统，创造一个新的完整物体。

1.3.4 抽象力培养

抽象能力的培养，可以避免具象和材料带来的局限和束缚。从古希腊哲学家到现今的设计师、艺术家都认为，所有形体都可以还原成圆球、圆锥和正方体三种基本的抽象形，这三个抽象形的平面投影分别是圆、三角和方形。我们可以通过对最纯粹的几何形态各要素间的构成关系的研究，来培养自己的抽象能力。除了可以从几何体的抽象获得抽象能力之外，还可以从具体物象中获取。阿恩海姆谈论某一事物的抽象形式时提出两个过程：首先，把握某类事物的最重要性质；其次，构造出它的动态形态，以达到对其总体结构状态的把握。

在进行抽象能力培养时，可以改变视角，包括不从特定的视点位置观察，而是更换视点位置，即观察物象的另一面；观察物象的内部、隐藏的现象；不以自然人的眼睛观察，利用复印机等仪器将物体放大若干倍，使其呈现独特的一面。

1.3.5 立体形的语意

不同的形以及形的质感、比例关系会带给我们不一样的视觉和情绪感受。例如弧线给我们阴柔、圆滑的感觉，而直线给我们刚直、呆板的感觉；细线让我们感觉纤细，粗线让我们感觉粗犷等。我们可以通过比例程式训练来获得这种量感能力。另外，每个形在特定的文化背景中都具有特定的含义，这种含义建立在认知空间、风俗、习惯等约定俗成的关系上，对这些形的语意的学习、探讨，也会给立体构成的学习、创作带来很大的益处。

1.3.6 灵感的获得

柏拉图对于灵感的赞美给艺术创作蒙上了神秘的色彩。然而，灵感并非凭空而来，实际上，灵感是指暗伏于创作者意识中的一种独特的心理状态和思维活动，也是一种极具创造性的能力。它出现在主体极度的思索过程中，也只有在思索的推进中其才能在某个偶然的情景之中突然显现出来。即使灵感有时似乎在无意之中，但这无意却是创作主体长期思考、探索、实践所形成的一种潜意识。谁都不可能意识到灵感在何时产生，但意识却提供了灵感出现的可能性。任何一种灵感都是创作主体在思考、探索中的顿悟实现，创作主体某一心态意向表达欲望的程度愈强，就愈逼近灵感出现的境界。

1.4 立体构成的沿革

立体构成思想的萌芽最早出现在风格派与构成主义运动中。德国包豪斯设计学院对20世纪初欧洲各国设计的新探索和试验加以综合发展和逐步完善，形成了现代设计教育体系。

1.4.1 立体主义对立体构成的影响

活跃于1907年至1914年间法国画坛的立体主义[①]（Cubism）是20世纪最重要的前卫运动流派，它对后来各种形式的现代派艺术都产生过不同程度的影响。其代表人物有法国的保罗·塞尚、西班牙的巴勃罗·毕加索[②]（图1-1）和法国的乔治·勃拉克[③]（图1-2）等。立体主义主张从多个视点同时观察对象，将对象的多个侧面同时展现在观众面前。他们将事物逐一加以分解，然后按结构重新组建物体的形象。他们将彩纸片、旧报纸、木纹纸和电车票等材料贴到画面上，开创了综合表现手法的先河。保罗·塞尚提出了一切形体都是"由球体、圆柱体和圆锥体"等基本形体构成的鲜明论点。乔治·勃拉克曾说"我必须创造出一种新的美——这种美在我看来就是体积、线条、块、面和重量——并且通过这种美来表达我的主观感受。"这些观点对后来的构成主义产生了重要影响。

▲ 图1-1 巴勃罗·毕加索

▲ 图1-2 乔治·勃拉克

[①] 立体主义是20世纪最重要的前卫运动。它对后来的各种现代派艺术都产生过不同程度的影响。立体主义者所关心的核心问题是，怎样在平面的画面上画出具有三度乃至四度空间的立体的自然形态。随着20世纪现代科学技术的发展，传统的"时间""空间"等基本概念受到了挑战，画家们因而有理由以更适应现代观念的科学法则来表现自然。这个法则就是按结构重新组建物体的形象。"立体主义"这一名词最早是在评论家沃克塞尔于1908年11月发表的一篇评论《乔治·勃拉克》中出现的。从此，"立体主义"便成了勃拉克和毕加索开创的新艺术风格的代名词，并迅速传遍整个欧洲，对各国现代艺术的发展都产生了深远的影响。

[②] 巴勃罗·毕加索（Pablo Picasso），西班牙画家、雕塑家。法国共产党党员。现代艺术的创始人，西方现代派绘画的主要代表。他于1907年创作的《亚威农少女》是第一张被认为有立体主义倾向的作品，是一幅具有里程碑意义的著名杰作。

[③] 乔治·勃拉克（Georges Braque，1882—1963），法国画家，立体主义代表。

◆ 图1-3 毕加索陶瓷雕刻作品

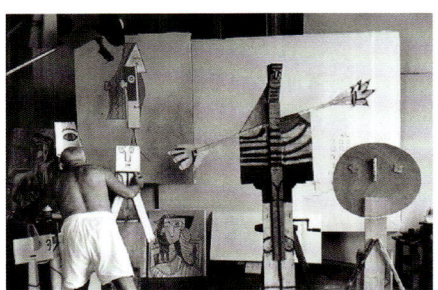

◆ 图1-4 毕加索陶瓷雕刻作品

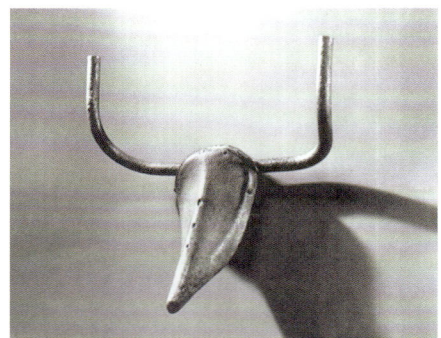

◆ 图1-5 《公牛》

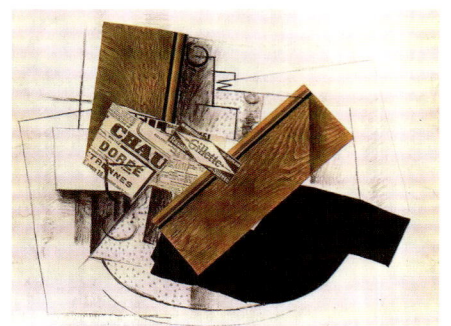

◆ 图1-6 《-59》，布面油画，乔治·勃拉克

◆ 图1-7 静物日光，布面油画，乔治·勃拉克，1929年

◆ 图1-8 《葡萄牙人》

立体主义绘画和雕塑把简单几何形体及其组合的审美价值揭露出来，引发和提高了人们对它的审美兴趣，从而使许多人能够接受，进而欣赏以简单几何形体的组合为造型特征的新建筑风格。它也包含了对具体对象的分析、重新构造和综合处理的特征。这个特征在某些国家得到更加理性的进一步发展，这种发展造成了对平面结构的分析和组合，并且把这种组合规律化、体系化，强调纵横的结合规律和理性规律在表现"真实"中的关键作用。（图1-3～1-8）

1.4.2 风格派对立体构成的影响

1917年,荷兰的一些画家、建筑师、设计师组成了一个松散的集体,主张纯抽象和纯朴,外形上缩减到几何形状,颜色只使用黑与白。他们的这种行为被称为风格派运动(De Stijl)。《风格》杂志是维系这个组织的核心刊物,"风格派"的平面设计风格主要体现在此杂志的设计上。这本杂志的特点是高度理性,完全采用简单的纵横编排方式,无装饰,直线方块和文字是其全部的视觉内容。

风格派同构成派一样热衷于几何形体、空间和色彩的构图效果,它们对形式和空间的处理与立体主义手法有异曲同工之妙。对于绘图和雕刻艺术,它们的作品不反映客观事物,因而是反现实主义的。

1.4.3 构成主义对立体构成的影响

构成主义(Constructivism)是俄国十月革命期间(1913—1917),在一小批先进知识分子当中产生的前卫艺术和设计运动,又被称为结构主义。

构成主义一词最初出现在嘉博①(图1-9)和佩夫斯纳②于1920年发表的《现实主义宣言》中,而实际上,构成主义艺术早在1913年就随着塔特林③的抽象几何结构在俄国产生了。塔特林的"构成"作品则彻底抛弃了客观物象,而完全以抽象形式出现。

构成主义热衷于几何形体、空间、色彩的构成效果。在俄国,构成主义的理念首先被运用到建筑和电影上,并影响了绘画、雕塑、工业设计和平面设计。构成主义运动以构成表现为最后终结。俄国的构成主义在艺术上具有极大突破,并对世界艺术和设计起到很大的促进作用。此后,俄国的前卫艺术探索者把构成主义的思想带到了西方,对西方尤其是德国产生了很大影响,其代表人物有设计师塔特林(图1-10)、雕塑家嘉博(图1-11~1-14)、画家佩夫斯纳(图1-15~1-22)、艺术家康定斯基。他们强调造型语言(如线条、色彩、体块等)自身的表现力,是与自然事物相独立的形式,并提出设计为社会服务,强调技术要素,认为结构是形态设计的起点。他们用金属板材、铜丝、塑料等材料为要素,在空间中探索新的造型形式。阿列克塞·甘于1922年发表的《构成主义》中系统地阐述了构成主义的思想体系:"构图、质感和结构是构成主义的三个原理。构图代表集体主义意识形态和视觉造型的统一;质感的意思是材料性质和它们怎样用在工业生产上;结构标志着制作过程和视觉织织法则的探索。"构成主义对造型艺术的再定义,深刻地影响了现代设计乃至现代艺术的发展。

▲ 图1-9 瑙姆·嘉博

▲ 图1-10 第三国际纪念塔,塔特林作品
前苏联按照设计,第三国际纪念塔高400多米,矗立在莫斯科广场,里面有国际会议中心、无线电台、通讯中心等,是集雕塑、建筑与工程于一身的抽象构成,也是一个表现共产主义理想的象征物,体现了构成主义关于空间、时间、运动和光的宏伟构想

---

① 瑙姆·嘉博(Naum Gabo),俄裔美国构成主义雕塑家,1971年在慕尼黑旁听沃尔夫林的艺术史讲座后投身绘画。他从未接受过任何艺术训练,但在自然学和工程学上的造诣帮助他完成了很多建筑和雕塑设计。
② 佩夫斯纳(Antoine-Pevsner,1886—1962)是构成主义艺术家。与许多年轻的俄国前卫艺术家一样,他在莫洛佐夫和史库金的艺术收藏中看到了令他激动的印象派、野兽派、立体主义作品。随后,他于1909、1911和1913年三度前往巴黎,与毕加索、乔治·勃拉克等立体主义画家交流,其在艺术风格上受到了很大影响,开始探索抽象绘画。
③ 1909年他考入莫斯科绘画、建筑、雕刻学校,一年后便退了学。从1911年起陆续在前卫艺术展览上层出作品。1913年他来到巴黎,怀着对毕加索铁皮、木板、纸片等实物材料所作的拼贴作品的仰慕之情到巴黎学习。回到莫斯科,开始探索自己的东西。随后创作了一批他称作"绘画浮雕"的作品,并于1915年2月选了六件在彼德格勒的《未来派展览:特拉姆V》上展出。

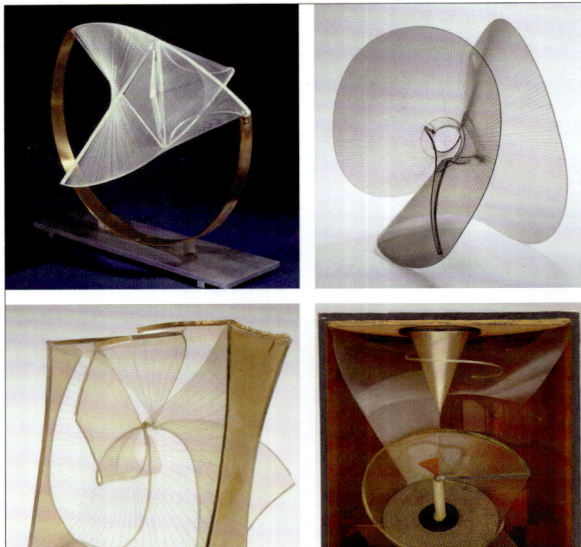

◆ 图1-11~1-14 嘉博雕塑作品

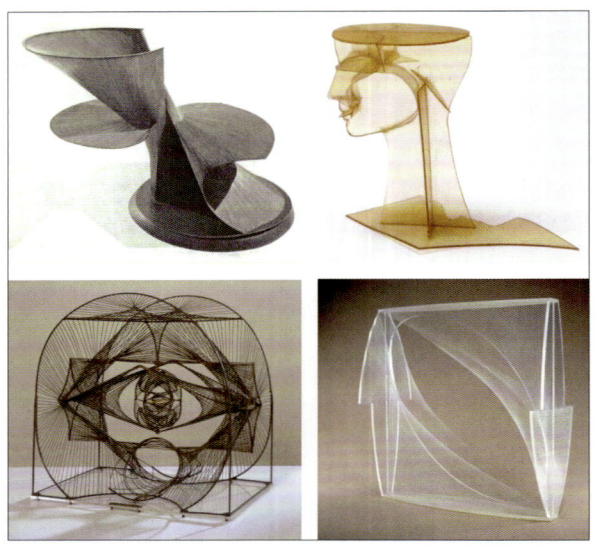

◆ 图1-15~1-18 佩夫斯纳作品

1.4.4 解构主义对立体构成的影响

脱胎于构成主义而又背离构成主义的解构主义也影响着构成的发展。解构主义（Deconstruction）的实质是对于结构主义的破坏和分解。与构成主义讲究秩序、均衡、比例、协调不同，解构主义将各种形态元素运用各种方法进行冲突性的叠加、旋转、穿插、错位，创造出变形、扭曲、解体、错位、并置、散乱、残缺、无中心、动感的新形态。解构主义的代表人物有彼得·艾森曼[①]（图1-19~1-20）和弗兰克·盖里（Frank Gehry）（图1-21~1-28）。

没落的构成主义运动在欧洲得到了发展，并深深影响了其他的设计艺术流派，包括德国包豪斯。他们奠定了三大构成的基础，发展了崭新的设计理论，使包豪斯成为现代设计艺术的摇篮。

◆ 图1-19 千禧教堂，彼得·艾森曼，罗马

◆ 图1-20 犹太人大屠杀纪念碑，彼得·艾森曼，柏林

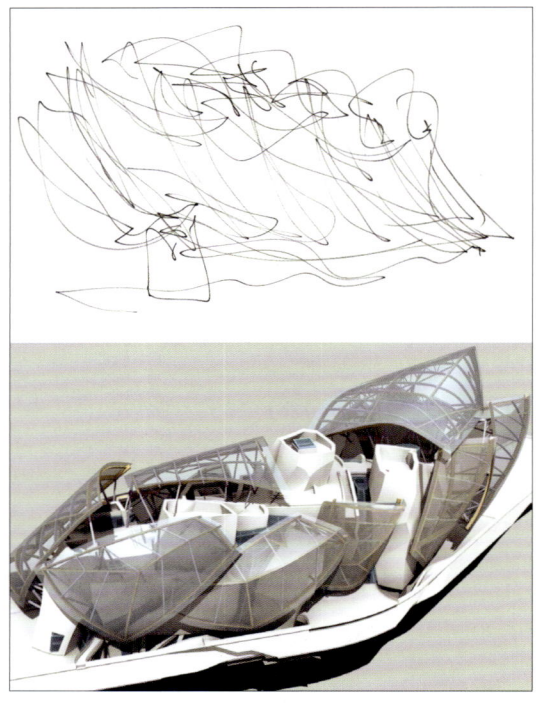

[①] 彼得·艾森曼（Peter Eisenman），美国建筑师，1932年生于纽约新泽西州，因其碎片式建筑语汇而同各式其他建筑师一起被打上了解构主义的标签。

1.4.5 包豪斯对立体构成的影响

包豪斯（Bauhaus）是欧洲现代主义设计的核心和现代设计教育的发源地，包豪斯的现代设计教育体系不仅受到构成主义现代设计思想的影响，还集中了20世纪初欧洲各国对于设计的新探索和试验结果，并加以综合发展和逐步完善。

得益于一批卓越的设计教育先驱坚持不懈的努力，最终确立了构成理论在包豪斯的主导地位，以建筑为主干，然后扩展到工业设计。真正体现包豪斯价值和成就感的是构成，这在那些充满强烈构成形式感的作品中得到了印证。从某种意义上讲，构成学奠定了包豪斯的历史地位，而立体构成更是在包豪斯的成就中锦上添花，体现得更为集中、典型。约瑟夫·亚伯斯[1]（图1-29）在"纸造型""纸切割造型"，以及拉兹洛·莫霍利-纳吉[2]在体积空间、结构等方面的研究非常深入，取得了令人折服的成就。

包豪斯对构成研究的成功还得益于它将材料作为创造形态的基础。产品不单要造型美，还要材质美。二者有机地统一和协调，产生了设计的活力，只有这样的设计才能体现产品的美感。拉兹洛·莫霍利-纳吉就是通过发现材料自身的美感，然后将它们重新组合设计（图1-30）。无论是废弃的金属零件、机器还是其他材料，他都会从中寻找出客体的美，通过主观创造实现主客体的统一，并创造出真正的空间语言。马塞尔·布劳耶[3]（图1-31）对材料的性能有着独到的研究，其在材料的替代方面不断探索，并获得了成功。他以钢管代替木材应用于家具，既能进行大批量生产，又能体现现代设计理念，不能不承认他的探索精神（图1-32~1-33）。正是他的成功开创了现代设计的道路，在材料与设计的结合上深刻地影响着设计师的观念，对传统观念产生了巨大冲击。另一位教育家伊顿致力于材料、肌理的研究，并运用于教学中。他让学生从形形色色的材料中通过视觉和触觉的亲身体验，加强对材料的感性认识和运用。在造型的表现上，包豪斯构成的主要表现形式体现出荷兰风格派的主张。"一切作品都要尽量简化为最简单的

◆ 图1-21~1-28 LV基金会艺术中心，弗兰克·盖里，巴黎
路易威登基金会艺术中心（Fondation Louis Vuitton）像"一艘白色玻璃帆船"出现在巴黎城西的布洛涅森林中，该建筑作为路易威登基金会艺术中心向世人开放，它成为法国甚至全球当代艺术活动在巴黎的新据点。艺术中心内部设有永久收藏、临时展览和艺术作品展厅、11个画廊以及300多人礼堂，并拥有可承办多科学活动的可调式演播厅。

---

[1] 约瑟夫·亚伯斯（Josef Albers，1888—1976），美国画家和教育家，对工业设计有极大影响。他的几何抽象绘画，如他的系列作品《向正方形致敬》，以对色彩和设计的精确控制为标志。亚伯斯出生于德国，就读于包豪斯，并于1923年至1933年在那里任教。1933年亚伯斯移居美国，1939年成为美国公民。在任教于北卡罗来纳州黑山学院（1933—1949）和耶鲁大学（1950—1958）期间，亚伯斯发展的艺术工业设计充分融合了包豪斯理念。1983年约瑟夫·亚伯斯博物馆在波特洛普建成。

[2] 拉兹洛·莫霍利-纳吉（Laszlo Moholy-Nagy，1895—1946），匈牙利艺术家，1923年起在包豪斯任教，1937年在美国芝加哥创建了新包豪斯艺术学院。

[3] 马塞尔·布劳耶（Marcel Breuer，1902—1981）是国际式建筑最有影响的建筑师之一。1902年5月21日出生于匈牙利佩奇市。1920年至1924年在包豪斯学习，毕业后任教至1928年。1928年在柏林开设事务所，1937年至1946年在美国哈佛大学设计研究生院任教。

立体构成

几何图形，如立方体、圆锥体、球体、长方体，或是正方形、三角形、圆形、长方形等进行实践。这种以几何形体构建的结构具有理性的逻辑思维，加上标准化的色彩，使人容易学习抽象造型，并掌握其规律、原理，进而通过不同的设计将其体现出来。例如灯具、家具、染织品与建筑、广告等都具有强烈的几何形式感，特别是建筑与工业设计以追求简洁为时尚，更体现出构成的科学性、合理性。"

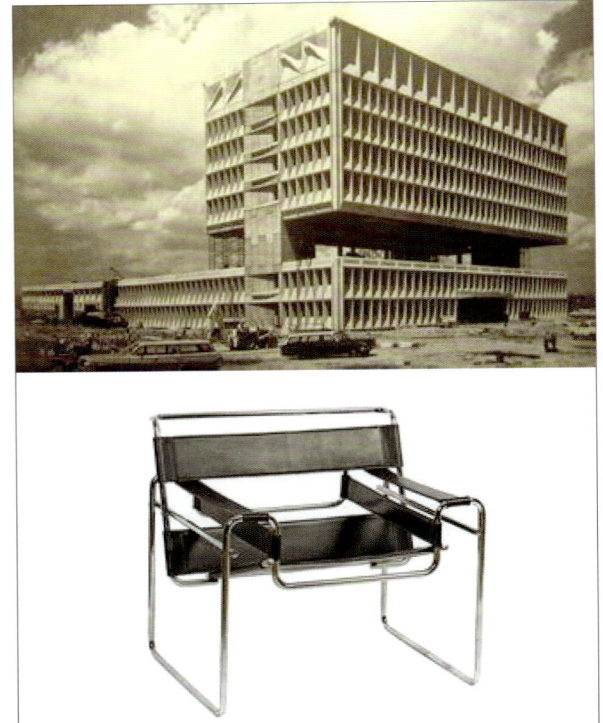

◆ 图1-29 亚伯斯在课堂

 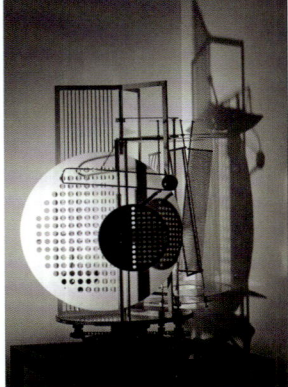

◆ 图1-30 拉兹洛·莫霍里-纳吉作品

◆ 图1-32~1-33 马塞尔·布劳耶作品

TIPS：包豪斯的基础课程

康定斯基的课程：
（1）自然的分析与研究
（2）分析绘图
保罗·克利的课程：
（1）自然现象的分析
（2）造型、空间、运动和透视的研究
约翰·伊顿的课程：
（1）自然物体练习
（2）不同材料的质感练习
（3）古代名画分析
拉兹洛·莫霍利-纳吉的课程：
（1）悬体练习
（2）体积空间练习
（3）不同材料结合的平衡练习
（4）结构练习
（5）质感练习
（6）铁丝、木材结合的练习
（7）构成及绘画
约瑟夫·亚伯斯的课程：
（1）结合练习
（2）纸造型练习
（3）纸切割造型练习
（4）铁板造型练习
（5）铁丝造型练习
（6）错视练习
（7）玻璃造型练习

◆ 图1-31 马塞尔·布劳耶

第 2 章 形态

自古以来，人类不断地寻找造型的表达形式。形态是一切造型设计的基础，贯穿于造型活动的始终。立体构成从造型要素入手进行变化及排列组合，以建立造型的视觉和谐与秩序美，或者以产生有意图的视觉兴奋为目的，具有逻辑的推理性，可呈现出无限的构思。因此，立体构成在研究形态与空间的艺术、追求纯粹形体和空间的创造上，有着科学而系统的设计思维和训练模式。作为研究形态创造与造型设计的独立学科，所涉及有建筑设计、室内设计、工业造型、雕塑、广告等设计行业。除在平面上塑造形象与空间感的图案及绘画艺术外，其他各类造型艺术都应划归立体艺术与立体造型设计的范畴。它们的特点是，以实体占有空间、限定空间，并与空间一同构成新的环境、新的视觉产物。

2.1 形态的含义

"形"通常指物体外在的形状,物体的某种形状仅是其形态的无数面向中的一个面向所见之外廓;"态"则是物体蕴含的"神态"。因此,形态就是物体"外形"与"神态"的结合。在我国古代便有"内心之动,形状于外""形者神之质,神者形之用"等论述,指出了形与神之间相辅相成的关系。形离不开神的补充,神离不开形的阐释;无形而神则失,无神而形则晦,形与神之间不可分割。只有将形与神二者结合在一起,才能构成对事物完整而科学的认知。可见,形态要获得美感,除了要有美的外形外,还需具备与之相匹配的"精神势态"。形态作为形式要素之一,是形式的基础。形态学的重点是通过外形把握其表现,即通过特点对观者所产生的心理效应去研究形态的"态势"或"生命态"表现,以设计上对形态注入感人的魅力为切入点。(图2-1~2-4)

◆ 图2-1~2-4 自然形态

2.1.1 形态的生成

生物形态的生成是生命力增长的结果,非生物形态的生成是内力运动变化的结果。而生命力也是一种内力,所以可以说自然形态生成的根本原因在于形体内应力的运动变化。生物形态的内力运动变化表现为生命基因的增加、细胞的增殖;非生物形态的内力运动变化表现为要素的组合与化合、量的增减和外形的变异。

2.1.2 形态的本质

形态的本质就是内力的运动变化,它规定着形态的性质和发展方向。形态都有分子力、结构力,这种力与观察者相关照就转化为知觉力,表现为艺术形象。所有这些艺术形象都揭示出形态的本质,正如苏珊·朗格在《艺术问题》中所说:"它表现了或具备着人类情感的种种特征,这就是人们所谓的'内在生活'所具有的节奏和联系、转折和中断、复杂性和丰富性等特征。这些特征还包括直接的经验流和一切生物均具有的生命特征等。""是作为一个浸透着情感的形象而对我们起作用的。"①

2.2 形态的分类

在自然界中,我们看到物质以各种各样的形态存在着:花虫鸟兽、山河湖海、不同肤色的人种、各种美丽的建筑……大到星球宇宙,小到分子、原子、电子等极微小的粒子,真是千姿百态、斗奇争艳。大自然自身的发展,造就了物质世界这种绚丽多彩的宏伟场面。

立体构成中,形态元素的研究很重要。形态不等于形状,它是指立体物的整个外貌,是由无数个角度、体面形成的形状所构成的一个完整的概念体。如果对自然界中的各种形态详加注意,从微观到宏观,还涉及造型与环境之间的空间形态关系。形态的类型一般分为自然形态和人工形态两方面(图2-5)。

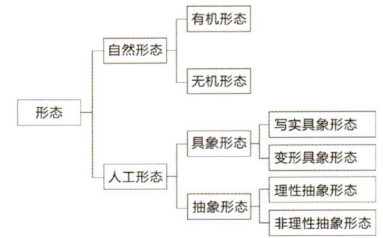

◆ 图2-5 形态的种类

2.2.1 自然形态

自然形态是指在自然法则下形成的各种可视或可触摸的形态,它不随人的意志改变而存在,如高山、树木、瀑布、溪流、石头等。古希腊著名的数学家毕达哥拉斯发现,自然形态中存在着和谐,使得自然万物多样性的变化得以统一,而这种和谐的语言便是"数字"。他认为自然是由"数字"支配组合而成的,自然界的一切都是以简单的数字为构成整体和谐的基

---

① 苏珊·朗格. 滕守尧、朱疆源译,艺术问题[M]中国社会科学出版社,1983年6月,P6。

本要素，他甚至认为世界是由几何体组合而成的。他的发现使人类从自然形态中获得了无穷的智慧与启示。人类凭借自然形态法则给予的启示，追求人性、物性的合理共存，从事符合自然环境与人文环境需求的调和且关联的造型行为。自然形态包括有机与无机两种具体的形态。

（1）自然有机形态

自然有机形态是指接受自然法则支配或适应自然法则而生存的形态，也就是富有生长机能的形态。奇妙的自然有机形态提供了人类进行造型的主要依据，有机形的塑造也就成了立体构成中的重要部分。（图2-6~2-7）

◆ 图2-5 仙人掌

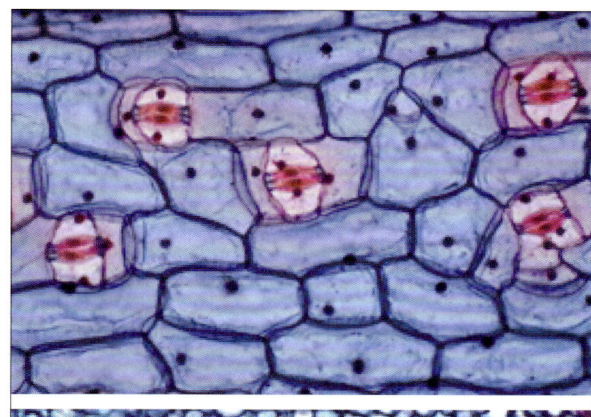

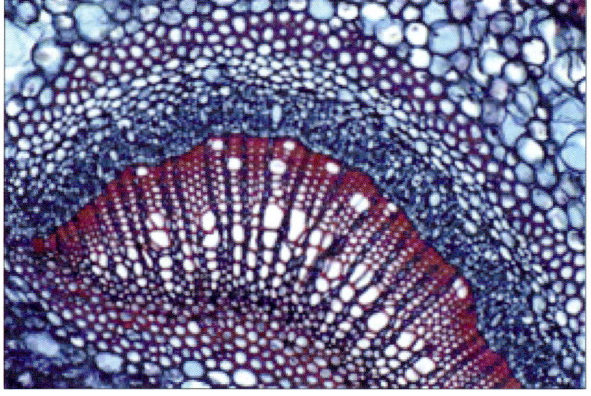

◆ 图2-6~2-7 细胞

（2）自然无机形态

自然无机形态是指原本就存在于世界，属于偶然性生长或者形成的，是独一无二的，但不继续生长、演进的形态，也就是不再有生长机能的形态。（图2-8~2-9）

◆ 图2-8 美国犹他州波浪谷

◆ 图2-9 美国羚羊峡谷

2.2.2 人工形态

人类有意识地从事视觉要素之间的组合或构成活动所产生的形态。它是人类有意识、有目的的活动创造的结果，如建筑物、汽车、轮船、桌椅、服装及雕塑等。人工形态根据造型特征可分为具象形态和抽象形态。

（1）具象形态

具象形态是指依照客观物象的本来面貌构造的写实，其形态与实际形态相近，反映物象的细节真实和典型性的本质真实。按造型手法与表现风格的不同又分为以下两种形态。

A. 写实具象形态

以完全忠实表现的态度描写客观事物的真实面貌。（图2-10）

B. 变形具象形态

运用夸张、简洁或规则化的手法，表现客观事物在主观感觉中的特殊表象，但仍需维持客观辨认的真实面貌效果。（图2-11）

◆ 图2-10 机械生物，爱德华·马蒂内（Edouard Martin-et），法国

爱德华·马蒂内将每日在跳蚤市场中淘换的零件变成了一件件令人震惊的艺术作品。

他常常摆弄各种各样被废弃的材料，如锈蚀的厨房平底锅、打字机上的零件、汽车灯等一些别人眼中的金属垃圾，巧妙地将它们塑造成动物与昆虫。他的所有作品都没有使用焊接，所有部件都像是积木拼图一样可以拆卸再组装。爱德华·马蒂内的每个杰作在组装前都会先绘制几张细节草图以帮助定位，整个作品由想法到完成的过程需要花费大量的时间与精力

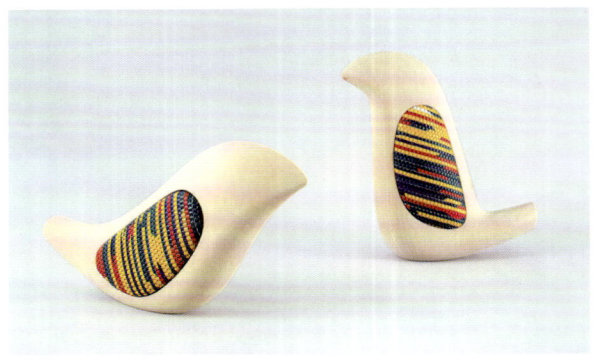

◆ 图2-11 变形具象形态，触感小鸟，JinSik Kim，韩国

（2）抽象形态

抽象形态是指不具有客观意义的形态，是以纯粹的几何观念提升客观的意义而创作出的观念符号，并不是模仿现实。也因造型者本身理性与感性成分的不同又分为以下两种形态。

A. 理性的抽象形态

冷静和理性的美学表现，专注于纯粹结构知性的追求，富有明确严谨的效果，但处理不当会显得单调、呆板。（图2-12~2-18）

B. 非理性的抽象形态

属于感觉、情绪的造型表现，强调纯粹感性的挥洒，富有灵活、轻松的效果，但处理不当容易流于凌乱和松弛。（图2-19~2-20）

◆ 图2-12~2-14 整体拉伸空间框架灯Tensegrity Space frame Lights，米哈乌·马切伊·巴尔托西克（Michal Maciej Bartosik）

灯的整体框架由4支杆灯模构成，其几何形状是立方形结构的派生。这种框架灯具有稳固的理想结构，这种结构能够在不改变方向的条件下，使得X、Y和Z轴上的支撑构件垂直相交，产生一般化的建筑要素，比如柱形、屋顶、墙壁和横梁。因为灯的整体创造了一种结构关联系统，消除了力矩，并给框架结构形成高质量比创造了条件；因为系统表面积增加，其坚固性也在更大程度上增加了，从而允许跨距更大，并使用更多支架。组合的时候，每个连续模块使用灯连接器，与后一个模块钉在一起，再连接到相邻发光管正中央位置。这种规格一致的组合形成了灯和格子框架两种不同模式。灯发出光波，有时类似于偏置线组成的正交网格，而格子框架则形成两种旋转45°的不同方格的序列结构，其中一种方格的尺寸是另一种方格的4倍

◆ 图2-15~2-18 理性的抽象形态家具设计，Joseph Walsh工作室 美国这个系列的家具的特点是由很薄的木材打造成飘逸的造型。这些造型并不显孤独，其雕塑般的造型反映出人和材料的独特协作

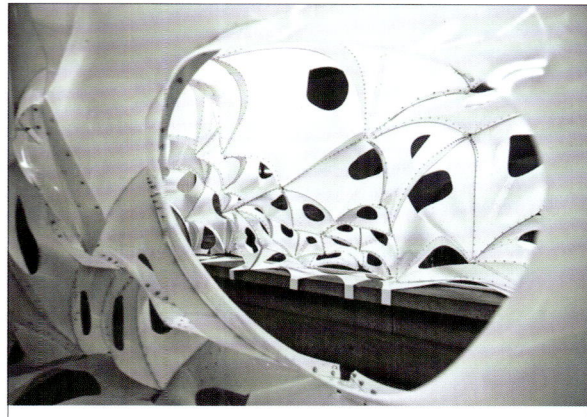

◆ 图2-21~2-22 VoltaDom装置，斯凯拉·蒂比茨（Skylar Tibbits），装置，麻省理工学院

这是斯凯拉·蒂比茨为麻省理工学院（MIT）150周年校庆和FAST艺术节所做的作品VoltaDom。作品安装在校内55楼、56楼之间的走廊上。玻璃与混凝土组成数以百计的拱肋结构物，这个拱形天花板就像历史悠久的教堂。材料的厚度不一致，光能不同程度地穿透，并反映在对周围环境的影响上。
VoltaDom试图拓展建筑概念"Surface Panel"的定义，强化双曲拱顶面的深度，并保持相对容易的制造及组装。这也归功于将复杂表面由其他许多简单的面组合而成

◆ 图2-19~2-20 非理性的抽象形态，斯凯拉·蒂比茨（Skylar Tibbits），装置，麻省理工学院1

虽然作为设计所涉及的形态均为人工形态，然而通过对自然形态的观察、认识、研究却可以得到人为形态创造的范本，或给人为形态以创造的启迪。这是由于无论自然形态还是人为形态，都可以分解为形态基本要素的组合，都有其形态生成的根据。而且，这些形态构成的原则、原理又都是相通的。形态的基本要素是有形的，形态的构成原则是无形的。与形态的构成原则相比较，形态的基本要素当然更带有基础性。

2.3　形态的要素

任何一个立体造型都是由三要素构成的。一是形态要素，二是机能要素，三是审美要素。形态要素是指构成形态的必要元素，是存在于环境中的任何有形态的现象：形（由点、线、面、体构成），色，肌理以及空间等；机能要素是指蕴含于形态中的组织机构所应有的功能；审美要素则要求综合各要素以达到完美的造型。

2.3.1　形与立体构成

形是构成形态的必要元素，它不仅指物体的外形、相貌，还包括了物体的结构形式。宇宙万物虽然千变万化，但其外形都可以解构成点、线、面、体等基本要素。

（1）点

点在立体造型上的特点是确定位置，它在造型学上的特性是通过凝聚视线而产生心理张力。

点的连续排列可以形成虚线，点的密集排列可以形成虚面与虚体。点与点之间的距离越小，就越接近线和面的特性。由点构成的虚线、虚面、虚体，虽然没有实线、实面、实体那样具体、结实和厚重的感觉，但是虚线、虚面、虚体所具有的空灵、韵律、关联的特殊感也是实线、实面、实体所不具备的。

在立体构成中，点是一种表达空间位置的视觉单位，不管它的大小、厚度、形状怎样，只要它同周围其他形态相比具有凝聚视线和表达空间位置的特性，是最小的视觉单位，我们就可以将其称之为"点"。也就是说，点的概念不是绝对的，因为在立体构成中，不可能存在真正几何学意义上的点，而只能是一种相对的比较。

由于点的大小、点的亮度和点之间的距离不同而产生多样性的变化，会产生不同的效果。同样大小、同样亮度及等距排列的点，会给人秩序井然、规整划一的感觉，但显得相对单调、呆板。不同大小、不等距排列的点，能产生三维空间的效果。不同亮度、重叠排列的点，会产生层次丰富、富有立体感的效果。

点虽然是造型上最小的视觉单位，但因为点具有凝聚视线的特征，所以往往成为关系到整体造型的重要因素。（图2-23~2-26）

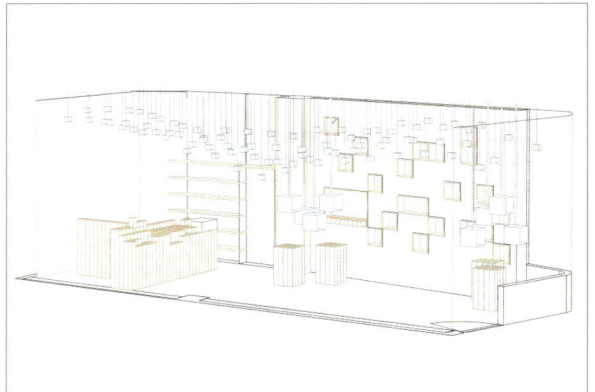

◆ 图2-23~2-26 La Melguiza藏红花概念零售店，ZOOCO设计工作室，马德里

藏红花是一种极小极轻、极其珍贵又非常传统的食材和药材，设计师希望将产品的特点结合店面设计中来。空间中的形态都以点的方式呈现，从视觉效果上看，整个店铺被悬浮在空中的光点和点状的商品陈列柜占据，给空间更大的意义，反应产品的珍贵价值

（2）线

线在造型学上的特点是表达长度和轮廓。

根据其存在的状况，可分为积极的线和消极的线两种。所谓积极的线是指独立存在的线，如绘画中的线条，三维形态中各种线类材料，如钢丝、绳索等实际存在的线条。所谓消极的线是指平面边缘或立体棱边的非独立存在的线条。

在立体构成上，虽然没有几何学意义上的线，但只要它的粗细限定在必要的范围之内，与周围其他视觉要素比较，能充分显示连续性质，并能表达长度和轮廓特性的，都可以称为线。

线的构成方法很多，或连接或不连接，或重叠或交叉，依据线的特性，在粗细、曲直、角度、方向、间隔、距离等排列组合上会变化出无穷的效果。（图2-27~2-29）

方形、多边形、椭圆形等都离不开三种基本形的特点。面的种类很多，但面的外轮廓线最终决定了面的外貌。

在立体构成中，只要其在厚度、高度和周围环境比较之下，显示不出强烈的实体感觉，它就属于面的范畴。面在造型学上，也分为积极的面和消极的面两种。积极的面是由线的密集移动、点的扩大、线的宽度增加或体的分割界面所形成的，也就是实际存在的面；消极的面是由点的集合、线的集合、线的交叉围绕或体的交叉所形成的虚有的面。（图2-30~2-32）

◆ 图2-27~2-29 LANDING CENTER杭州潮牌买手店设计，杭州肯思装饰设计事务所，中国
设计师将项目的主题定为飞翔的轨迹，将雕塑艺术引入道具设计，让所谓潮流不停流于表像层面。曲线是四面而来的，无定向串联起悬挂其中的服饰

（3）面

面在造型学上的特点是表达一种"形"，是由长度和宽度两个维度所共同构成的"二维空间"（它的厚度较弱）。与颜色中有三原色一样，面有三种基本的形：正方形、三角形和圆形。正方形的特点是表达垂直和水平；三角形的特点是表达角度和交叉；圆形的特点是表达曲线和循环。由此派生出来的长

◆ 图2-30~2-32 未来岛屿，新西兰当代建筑实践展，威尼斯双年展
在"未来岛屿"展览中，建筑作品按照字面的意思被呈现在一个个漂浮的岛屿上，岛屿是由22个从天花板上悬吊下来漂浮在空中的不规则块面组成的，摆放着来自新西兰建筑师和学生创作的50个建筑的超过100个建筑模型，寓意建筑师之间的距离或远或近，但他们都位于同一片海域中。展览对当代建筑师发起了挑战，吸引了他们的目光，同时展示出世界的无限可能

（4）体

体在造型学上有三个基本形：球体、立方体和圆锥体。而根据构成的形态区分，又可分为半立体、点立体、线立体、面立体和块立体等几个主要的类型。半立体是以平面为基础，将其部分空间立体化，如浮雕；点立体是以点的形态产生空间视觉凝聚力的形体，如灯泡、气球、珠子等；线立体是以线的形态产生空间长度的形体，如铁丝、竹签等；面立体是以平面形态在空间构成中产生的形体，如镜子、书本等；块立体是以三维度的有重量、体积的形态在空间构成完全封闭的立体，如石块、建筑物等。

半立体具有凹凸层次感和各种变化的光影效果；点立体具有玲珑活泼、凝聚视线的效果；线立体具有穿透性、富有深度的效果，通过直线、曲线以及线的软硬可产生或虚或实、或开或闭的效果；块立体则有厚实、浑重的效果。在立体构成中，根据需要，恰当运用各种立体，能使作品的表现力大大增加。（图2-33~2-41）

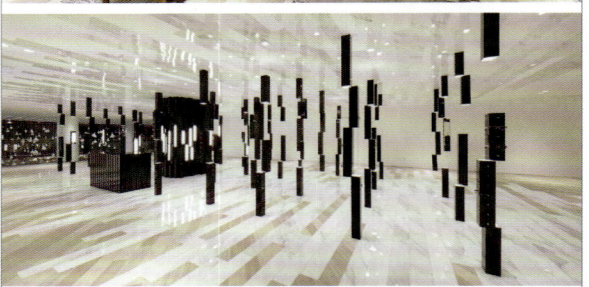

◆ 图2-33~2-41 Siam Discovery，nendo设计，泰国
Siam Discovery是一座由一个零售购物中心和一个百货商店组成的商业综合体。设计师不仅针对综合体的公共区域进行了统一的设计，同时也为占据建筑绝大部份空间的大量个体商户提供了服务。相比其传统商业建筑中按品牌划分空间的做法，设计师围绕不同主题的"生活方式实验室"进行了商品陈列，以鼓励消费者探索和体验不同的产品和生活方式。13个特色鲜明的展示区分布在商业中心的各个角落，设计师引入了烧杯、烧瓶、试管等实验器材以及分子结构图形、DNA序列、显微镜、阿米巴虫、烟雾和气泡等体块元素以呼应"实验室"这一设计理念

（5）空间

空间是由点、线、面、体占据或围合而成的三度虚体，具有形状、大小、材料等视觉要素，以及位置、方向、重心等关系要素。空间的视觉效果与一系列因素有关。

空间的效果直接受限定空间的方式影响，如在建筑中，主要是由墙面、地面、屋顶所限制。

空间是人活动的场所，活动是人最初占有空间的真正目的。闭合与开敞是空间的正负反映，是人类生活的私密性与公共性的需要。空间的闭合程度影响着人们的心理空间，全封闭的空间给人以明确的领地感，私密、安全、隔离感，尤其是当人处于面积较小的全封闭空间时这种作用力更为明显。部分开敞的空间更具有方向性、明暗与光影变化，以及与外界的联系，从而减少了空间限定的压力，使空间感有所扩大。全开敞的空间更减少了限定空间的面之间的作用而与四周物体发生了明显的力的作用，形成了更为强烈的连续感和融合感。

深度是空间的本质，人在环境中随时都具有处于不同深度的空间感知。空间的深度感可表现为多种形式：透视的消失现象所表现出的渐变的形的关系，如路灯、电线杆等远近透视；重叠也是空间深度的一种表现，反映出前后、远近空间形体的位置关系，如山脉的层次感；材质肌理的远近尺度不同对深度感知也具有作用，如园林中经常在有限的空间里创造出的丰富意境，正是运用了草、石、砖、瓦等不同材质，以及人工与自然的手段而创造出来的。（图2-42~2-43）

立体构成中除了造型形态的实体之外，还有一种虚拟的空间形态，这种空间形态几乎涉及一切艺术设计领域。中国古代老庄哲学中就十分强调"空""无"的美学观念，认为无形比有形更富有表现力。

从空间的角度来讲，任何形态都是积极形态和消极形态的综合体。相对于立体形存在的是所谓的"空间"，空间本身是无限的，也是无形态的东西，使空间成为形态是由于空间"场所"的存在。场所是对无限空间的限定，而这限定要借助于立体形态（即积极形态）；由实体限定的空间，我们称之为"空间形态"（即消极形态）。立体的形态占有三维空间，是积极形态的形态，空间形态是包围（或称限定）三维的空间，是消极的空间形态。实体是主形态具有积极意义的充实空间，虚体是空间形态，是具有消极意义的形态。实体形态与空间形态的区别见下表。

实体形态	空间形态
三维形态的正形	三维形态的负形
自身占有空间	被限定出的空间
实体	虚体
以自身的实体被感知	借助实体被感知

◆ 图2-42~2-43 Non-Sign II雕塑，Lead Pencil工作室，美国

2.3.2 色彩与立体构成

色是另一项构成形态的重要元素。宇宙万物除了空气之外，绝大部分物体都具有各种各样的颜色。色是构成五彩缤纷的世界的重要部分。

立体构成的色彩与绘画和平面设计中的色彩有所不同，因为立体构成中的色彩是在三维空间中实体表面的色彩，它要受实际空间光影作用、实际环境因素、材料本身质地和加工工艺等多方面的影响，因此立体构成中的色彩有自己独特的要求。首先，要符合色彩的审美心理效果；其次，要使色彩和材料、技术、环境相协调；再次，还要考虑色彩和明暗光影的关系。

立体构成中的色，根据来源可分为物体本身的色和人为处理的色两大类。同时，它们还都受到照射在物体上的光源因素的影响。

（1）物体本身的色

每种不同的材料，都具有自己独特的颜色。在立体构成中利用材料这种天然的、与生俱来的本色，能带来自然清新、顺乎自然、古朴原始的风味，又能很好地体现材质本身的质地美。因此在利用各种材料进行立体构成创作时，最好不要人为地破坏材质本身的色彩美。例如古铜色、木纹色能给人古朴的意境，如果人为地涂上其他颜色会极大地破坏原有的意境。再如，有机玻璃本身具有很好的色彩和光泽度，能带来清新现代的风味，如果人为地涂以色彩，不仅达不到有机玻璃原有的鲜艳和光泽，反而会破坏有机玻璃原有的色彩美。

（2）人为处理的色

不同的色彩会给人带来不同的心理和感官效果，如高艳度色彩会使人觉得活泼热情，高明度色彩使人觉得明亮、开阔，低明度色彩会使人觉得压抑、沉闷、庄重等等。因而，在立体构成中，相同的形态如果配以不同的颜色，就会形成不同的效果。这就要求我们在立体构成创作时，要根据表现主题来考虑材料的性质、原色、色面大小、方位、光源以及各种颜色之间的搭配情况等，这样才能很好地在立体构成中利用"色"来表现需要表现的感情效果。

在立体构成中应用人为处理的色，需要从三方面着手：A. 从物理学角度研究色作用于形态的表现方法；B. 从生理学角度研究色作用于形态的可见情况；C. 从心理学角度研究色作用于形态的心理效能。（图2-44~2-47）

◆ 图2-44~2-47 色彩机器（Colour Machine）——维特拉（Vitra）米兰设计周展厅，Hella Jongerius设计，意大利

面料在工业产品上的缤纷运用创造了丰富的室内环境。面料作为设计界重要的角色，由专门的色彩与材料机构研发推广，维特拉就是其中一家专业机构，他们在2016年米兰设计周上面向大众推出了独展"色彩机器"。展览中的每一款产品都被给予最大的表现力。设计师将各个产品以充满对比的方式组合起来，尽显每一款的活力。不同色彩和质感的面料拼成圆形轮廓，有的放置在地面，有的悬挂在空中，就像彩色的风车般，异常夺目

2.3.3 肌理与立体构成

不同的物体，由于构成它的物质不同，以及构成各物质之间的排列顺序、距离、疏密的不同，会呈现不同的肌理。例如，植物纤维、大理石、金属会给我们不同的肌理感受。在立体构成中，肌理指的是材料表面的纹理、构造组织给人的触觉质感和视觉触感。它根据来源可分为材料本身的肌理（如木纹、大理石纹等）和人工处理的肌理（如仿木纹的人造板材、仿大理石纹的人造石材以及将各种材质综合形成的肌理等等）。另外，肌理根据人体感受方式不同，可分为触觉优先型肌理和视觉优先型肌理两种。可以通过人皮肤的触觉而感受的肌理称为触觉优先型肌理。立体构成中的肌理往往是触、视觉综合性的肌理，既能通过视觉感受，又可触摸得到。

触觉是人体的一种特殊感觉。各种外界刺激（冷、热、软、硬、光滑、粗糙等）通过分布在皮肤的神经末梢，传达到大脑，使人体产生一种综合的感受，它较之听觉、视觉都更为复杂。比如，有经验的陶艺师通过对陶土的触摸就可以判断陶土的好坏，以及用此陶土烧制的瓷器的好坏等等。因此，触觉是带给我们肌理感受的主要手段。通过触觉，可以感受到物体的冷、热、软、硬、光滑、粗糙等性质。

另一种肌理感受，则来自视觉。比如我们从高空俯瞰大海，蔚蓝的海面会通过视觉传达给我们海面的肌理感受。再如站在山腰看云海，虽然我们不能通过触觉来感受云海，但通过视觉，仍然可以感受到云海特殊的肌理。

不同的肌理，会给人带来不同的心理感受，如大理石肌理给人以华贵、高雅的意境，布纹肌理传达了亲切、柔和、质朴的意境等。同时，不同的肌理，因造成反射光的空间分布不同，会产生不同的光泽度和物体表面的感知性。比如，细腻光亮的质面，反射光的能力强，会给人轻快、活泼、冰冷的感觉；平滑无光的质面，由于光反射量少，会给人含蓄、安静、质朴的感觉；粗糙有光的质面，由于反射光点多，会给人笨重、杂乱、沉重的感觉；而粗糙无光的质面，则会使人感到生动、稳重和悠远。在立体构成中，肌理不是独立存在的，而是属于造型的细部处理，也就是相当于产品的材料选择和表面处理。（图2-48~2-49）

肌理在立体构成中具有以下作用。

（1）肌理可以增强立体感。比如一个形态的表面和侧面分别用不同的肌理来处理，就可以增强造型的立体感和层次感。肌理的这一作用，是由肌理的形状和分割配置关系决定的。

（2）肌理可以丰富立体形态的表情。不同的肌理会呈现形态不同的表情和特征。为很好地发挥肌理的这一作用，在立体构成时，我们常将肌理放置在视线经常看到的部位。

（3）肌理还具有情报意义。也就是不同的肌理会提示我们其作用和用途，如瓶盖、旋钮、开关等的特殊肌理会指导我们对形体的使用。为发挥肌理的这一作用，在立体构成时，我们可以将肌理布置在使用时常接触的部位。

利用同类材料构成的肌理可产生协调统一的效果，但要避免单调和呆板；而用不同材质构成的肌理则会产生变化丰富的效果，但要注意避免散乱和无序。

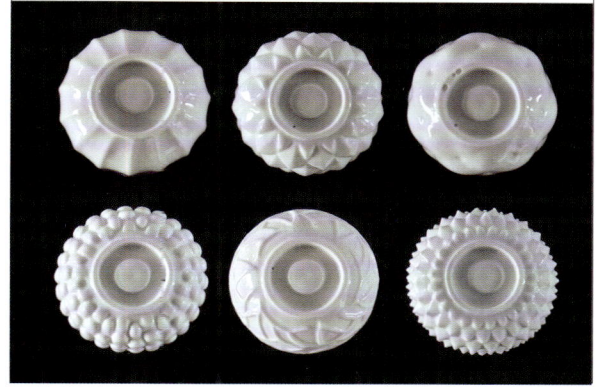

◆ 图2-48~2-49 陶瓷果皮杯，ViiCHEN DESIGN，中国，台湾

2.4 形态的构成

整个立体构成的过程是一个分割到组合再到分割的过程，任何形体都可还原到点、线、面、体，又可构成形体。立体构成的逻辑就是立体形态的创造方法和思路。逻辑构思的目的就是要把握形态体系。

2.4.1 形态的构成方法

过去的构思方法完全是偶发性的灵感式，它不能将造型的可能性全部展示出来，以便进行优选。为了弥补此项缺点，必须改变思维习惯，把形象思维与逻辑思维结合起来，科学地分析构成要素然后做排列组合，从而找出形态的体系，这主要靠逻辑思维。再按照审美标准等进行筛选，并经过形象思维作深入发展。这种方法可以避免先入为主的影响，也可避免单凭头脑思索而挂一漏万。如果利用计算机进行分析，对于复杂问题的处理将更为有效。练习的方法有以下两种。（图2-50）

（1）演绎法

先找出构成要素并进行排列组合，探索整个形态体系，然后按照纲目分别寻求视觉化的形态。

（2）归纳法

先随意地制作，待完成一定数量后再将其分类整理，在整理中自然会冒出新的造型可能性，从而完成形态系列。

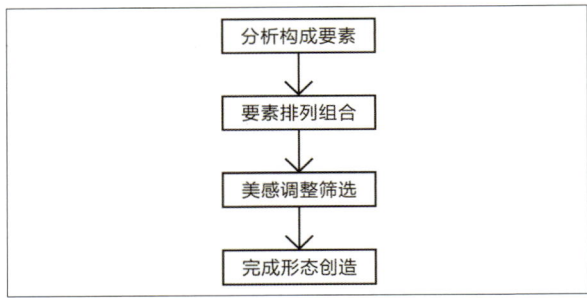

◆ 图2-50 形态的创造方法

2.4.2 形态的构成形式

形态构成就是以形态要素或材料为素材，按照视觉效果、力学或精神力学原理进行组合。形态的内力运动变化表现为基本形态要素的组合、变化和运动。因此，可以将其归纳成下列公式：

形态要素+运动变化=形态构成

形态构成形式，可分为以下三类。

（1）线、面、块的运动。这种运动形式包括移动、旋转、摆动、扩大及混合。所形成的立体为运动的构成，与时间因素相关。

（2）线、面、块的空间变化。其包括卷曲、扭曲、折叠、切割展开、穿透、膨胀等，多指单体形态。块本身就是立体，其空间变化主要指凹凸、分割移位、正形和负形所形成的静的新形态。

（3）线、面、块的空间组合与分割。其指造型的整体由同质单体或异质单体的组合与分割构成，所构成的立体可以是单元的连续，也可以是单元的间隔排列。掌握了这种构思方法，再辅以物质技术条件，便可以创造出无穷的立体形态来。（图2-51）

	点 →	线 →	面 →	体 →
动的定义	只有位置，没有大小	点的移动的轨迹	线移动的轨迹	面移动的轨迹
静的定义	点	线	面	
	线的端点，线的交叉	面的界限，面的交叉	立体的界限或境界	物体占有空间

◆ 图2-51 形态要素的动静关系

2.5 形态的感觉

心理感觉就是指人脑对直接作用于感觉器官的客观事物的反映，是由感觉所受的刺激引起视知觉的兴奋传导，并且根据以往的知识经验来理解对象的。比如，对点线符号的心理感觉，音乐家从中感觉到乐感，舞蹈家看到的是动作舞感，而雕塑家感觉到的则是造型中的美感。

2.5.1 体量感

现实社会中存在着两种体量感，即物理量和心理量。物理量是指形态的大小或容量的多少，是可以测量和把握的。心理量是指人的心理对物体规模、重量、程度等方面的一种感觉，如两堆相同重量的铁和棉花，总会觉得棉花更轻一些。不同的物理量感是可以产生不一样的心理感受的，量感可以通过以下手法表现。

（1）营造张力

张力在物理学中的意思是物体发生拉伸形变时，物体内部任一截面的两侧存在垂直于截面的、大小相等、方向相反的拉引的力。"不动之动""将断未断""蓄势待发"等是对张力最直接的描述，张力让形态充满活力。在立体形态的创造中，我们可以通过偏离、推拉、挤压、膨胀、收缩、倾斜、破坏、变形、聚集等手段营造张力。有张力的形态在视觉和心理上更具备分量。（图2-52~2-54）

◆ 图2-52 流线公共座椅，奥列格·索罗科（oleg soroko）

◆ 图2-53 麥可馬克,雕塑,東尼·克雷格(Tony Cragg),英国,2007

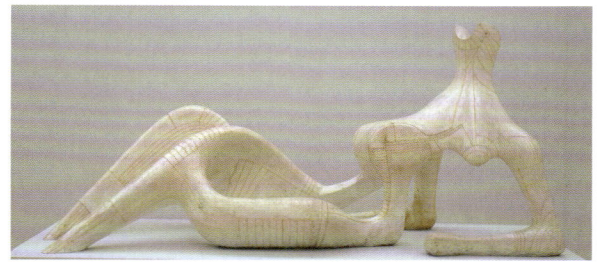

◆ 图2-54,斜倚着的裸女,雕塑,亨利·摩尔,英国,1951

(2)创造生长感

生长是生命力的表现形式,但生长的表现形式是复杂的,每一个阶段都有不同的表现形式,能够使人产生欣欣向荣的精神力量。(图2-55~2-56)

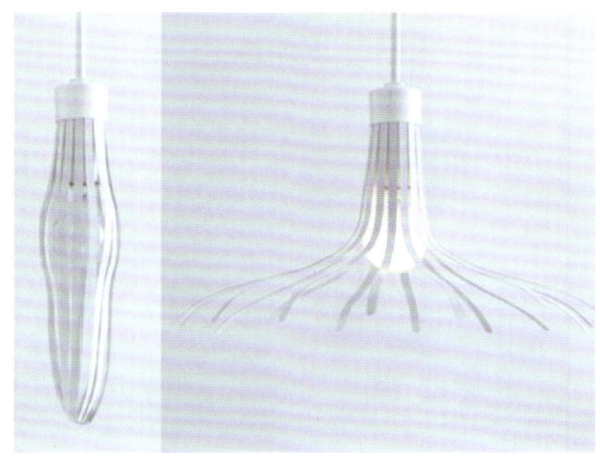

◆ 图2-55 灯具设计,佐藤大,日本

◆ 图2-56 公交站共生体,like建筑师事务所,葡萄牙

(3)创造对外力的反抗感

形体对外力的反抗感,实质上是极强的内力所产生的,这种存在于作品中的潜在能力得到强烈的反映和展示,形体也就有了更大的动感效应。(图2-57)

◆ 图2-57 Baltimore市33艺术中心创作的焦点交锋艺术装置,乔纳森·拉蒂亚诺(Jonathan Latiano),美国,马里兰州

（4）创造运动感

形态的形象有动态特征或由于失重等原因引起的人视觉心理上的运动感。通过各种渐变，使其具有速度感，以形体的间距、疏密调整运动的节奏，形态密集的节奏快，形态松散的节奏慢。（图2-58~2-66）

◆ 图2-58~2-62 广岛"丝带"教堂，中村浩美，日本

◆ 图2-63~2-64 动感的堪培拉Nishi Commercial酒店大厅，March设计工作室，澳大利亚

◆ 图2-65~2-66 流体雕塑，吉尔·布鲁维尔（Gil Bruvel），法国

（5）创造整体感

生物形体内力的运动和表现是具有一致性的，并具有整体的统一性。在形体上表现出的对立统一能使人产生亲切感。（图2-67~2-69）

◆ 图2-67~2-69 玻璃雕刻，Ben Young，澳大利亚

层层叠叠的玻璃艺术品中的每一片玻璃都是手工打稿、手工切割和手工制作。不采用高科技工艺而且是心思缜密的规划设计。艺术家在设计之前会花大量时间思考，然后才开始制作和切割。玻璃的颜色与质地的都有各自的微妙区别，因此每件作品都堪称独一无二

2.5.2 空间感

我们常把空间分成物理空间和心理空间两大类。物理空间是为实体所包围的、可测量的空间;心理空间却有益于艺术性的发挥。所谓心理空间是存在着的、没有明确边界却可以感受到的空间领域,它来自形态对周围的扩张。

(1)紧张感

紧张感有两个相互有关的不同释义。一是形态具备脱离原有状态的倾向,如同"箭头"有一种动或启动的可能;二是两个分离的形态构成一个整体的最大距离,超越这个距离,分散而不能成为一个整体;小于这个距离,虽能构成整体,但失去两个形态分离的意义,或者两个形态构成让人感到拥挤、堵塞。前者多用于创造动势和动态,后者多用于创造具有一体感的张力组合。(图2-70~2-72)

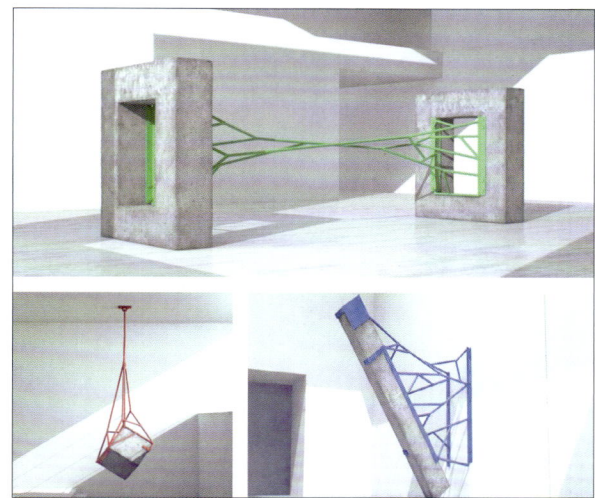

◆ 图2-70~2-72 艺术家法布里斯·勒尼泽特(Fabrice Le Nezet)通过将混凝土和钢结构结合,表现出混凝土往下掉的紧张感

(2)空间进深感

所谓进深,是指前后的距离。强化进深是指在有限的深度内创造出比有限深度大得多的进深,可以通过以下方式实现。

A. 加强透视效果:直线透视,近大远小。(图2-73)

◆ 图2-73 雅典奥运主场馆,圣地亚哥·卡拉特拉瓦

B. 加强层次感:迭插或遮挡,互相遮挡或掩盖。(图2-74)

◆ 图2-74 利用迭插或遮挡加强层次感。Mochen低能耗环保建筑,中国天津Cocoon办公大楼

C. 利用错视:阴影和明暗。(图2-75)

◆ 图2-75 利用阴影和明暗营造错视空间

D. 结构极差:由宽到窄,由粗到细,或反之。(图2-76)

◆ 图2-76 利用结构极差加强层次感，悉尼Story Factor

（3）空间流动感

主要是空虚形态的扩张作用。"分离和联系""引导和暗示"创造出空间的渗透感和层次感，使空虚形态因这种流动关系的建立而得以扩展空间。（图2-77~2-80）

◆ 图2-77~2-78 巴黎香奈儿流动艺术馆内部空间，扎哈·哈迪德

◆ 图2-79~2-80 阿利耶夫文化中心内部空间，扎哈·哈迪德

2.5.3 错视感

视错觉是指眼睛在观察事物时出现与实际不符的偏差，甚至是对物体的大小、形状、色泽以及明暗关系判断错误的现象。3D电影就是一种视错觉的反映。在形态构成中，可利用光影、重叠、视点变动、空间进深、静止和运动等手段产生错视。错视的目的不是杂乱形成错误，而是以对立统一的视觉效果为指导，通过对比使形态特征更加强化，在统一中改变与创新视觉效果，它所带来的矛盾能吸引人的注意力。（图2-81~2-84）

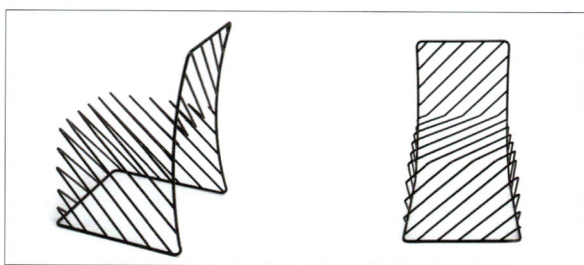

◆ 图2-81~2-82 佐藤大作品，这个设计轻易地破除了"正面"与"背面"的关系，在某个维度上完成了二维到三维的转变

◆ 图2-83~2-84 墨尔本小型音乐中心，Ashton Raggatt Mcdougall 建筑事务所设计

2.5.4 肌理感

　　肌理是物质个性特征的表象之一。人们借此认知事物，辨识事物，也依此创造事物，肌理也因此成为艺术家与设计师创造事物的一种手段。源于自然的物质肌理本身有着客观的结构方式，当我们将其从客观中抽象出来成为视觉元素时，它的本质意义就产生了变化，能够被我们借用、仿制、微缩和创制，从而获得新的独立的意义。肌理是具有可识别性的，它会通过视觉产生联想，通过联想产生对艺术形态语言性的认知，从而在任何类型的设计实践中发挥其视觉、触觉上的创造作用，丰富各类形态的表情，扩大形态的视觉场。

　　（1）立体肌理的概念

　　肌理是指物体表面的组织纹理结构，即各种纵横交错、高低不平、粗糙平骨的纹理变化，是表达人对设计物表面纹理特征的感受。立体肌理有别于平面肌理，由于材料的配置、组织的构造不同而使人得到的触觉感或视觉触感不同。

　　（2）立体肌理对造型的作用

　　A. 肌理可增强立体感

　　通过对肌理的处理能够塑造空间的存在感，加强空间的立体效果。通过肌理的面积、大小、体积、形态组成等方式增加或减少，从而造成视觉上的差异，产生轮廓鲜明的形态效果[①]。（图2-35~2-87）

◆ 图2-85~2-87 陶瓷艺术，Michal Fargo，以色列
Michal Fargo以非传统的工作方法驾驭纹理、材质，创作的瓷器介于工艺与设计之间，采用原初的技术和工业原料，使用海绵模具得到多样化的表面肌感。人们以为是海绵，但实际是陶瓷。这些不同寻常的陶瓷作品虽然没有叙事性，但其抽象化的形体依然能唤起人们情感。艺术家还用手撕的方式把一些海绵泡沫制作成寓言式意味的石材，人们在看到的一瞬并不能意识到这些作品原本的材料

---

① 陈罗辉，张琳. 立体构成[M]，北京，北京理工大学出版社，2013年9月，P85.

B. 肌理可以丰富立体形态的表情

立体肌理参与造型表现为小、多、密，它靠群体发挥作用，而不是单体，通过将形体复杂化、细节化让物体显得细腻、有变化，从而更好地表达构成形体的含义。（图2-88~2-95）

◆ 图2-88~2-91 手工改造吊灯，琼·兰德里（Jean Landry），美国2 Tumbleweed是戈壁里的一种常见植物，当干旱来临时会从土里将根收起来，团成一团随风四处滚动。在戈壁的公路两旁，起风的时候经常可以看见它们在随风滚动。Tumbleweed生命力极强，无论什么都不会让它们枯死。总有一天它们会找到适合自己生长的环境然后发出新枝，冒出新芽，开出淡淡的紫色的花。设计师琼·兰德里灵光闪现，收集这些风滚草，稍作修饰，加上灯泡就做成美丽的灯具

◆ 图2-96~2-98 色彩织物装置，东京，新宿，Emmanuelle Moureaux工作室

东京工作室Emmanuelle Moureaux在新宿中央公园安装了一片全色彩艺术装置，该装置共使用到分别染上100种色彩的织物。这些手工染制织物随风飘荡，在摩天大楼林立的新宿，在这个不一样的夏天，给人们带来了飘逸的光影还有远离现实的想象空间

◆ 图2-92~2-95 娱乐零售综合体，Iluma，新加坡

Iluma是一个集娱乐和零售于一体的开发项目。在这栋建筑中，线性体块与曲线形雕塑造型体块形成了鲜明对比。建筑师为Iluma设计了极具艺术感的水晶网媒体墙立面，它由小块的宝石似的固着物组成，在白天闪闪发光，到了晚上则发出绚丽夺目的光芒。这个水晶媒体墙立面是建筑师与来自柏林的艺术家和建筑师密切合作、构思完成的：将节能灯泡置入定制设计的反射镜，由软件控制。水晶媒体墙立面被建筑师处理成堆叠的、波浪起伏的条带，或重叠，或退让

2.5.5 色彩感

所有的形态都离不开色彩，色彩并不仅仅是一种表面的装饰，色彩可以赋予形态视觉上的美感，增强造型的视觉效果，而且不同的色彩带有不同的情感，可以传达不同的信息。（图2-96~2-100）

◆ 图2-99~2-100 迈克·斯皮茨（Mike Spits）通过大象彩绘雕塑展提高人们的公众意识，来帮助濒临绝种的亚洲象，让艺术价值更具亲和力与生命力

教学实战：立体肌理制作

内容

1. 在平面的纸上设计时，首先要设计好基本形，并使其本身造型优美。
2. 设计好基本形后，就把基本形进行重复排列。重复排列有对位重复和错位重复两种形式。
3. 在重复排列时应注意造型之间的关系。如形状、大小、方向位置的变化、密疏关系。
4. 整个构成要主体形象明确，层次丰富，形成一定的节奏感和韵律感。

要求

1. 以平面构成形式在卡纸上构形，再通过对纸的切割、弯曲和折叠，形成立体肌理。
2. 所有规格均为20cm×20cm大小，作业量两个。
3. 为了体现作业设计过程，课堂上需提交草稿供筛选。
4. 完成作业分别装裱在24cm×24cm大小的黑色纸盒中。

◆ 图2-101 对位重复

◆ 图2-102 错位重复

第3章 立体构成与形式法则

物象外观形式的美包括外形式（形体、色彩、材质）与内形式（将这些外形式元素按一定规律组合起来，以完美表现内容的结构等）。外形式与内形式被人通过感官感知，给人以美感，引起人的想象和一定的感情活动时，这种形式美就成为人的审美对象。物象的形式多种多样，表面上看不出社会内容，但实际上在人的实践活动中积淀了丰富的社会生活内容。人在长期的社会劳动实践和审美实践中，按美的规律塑造事物外形，逐步发现了一些形式美法则。

3.1 对比与调和

对比是指将两种或两种以上差异性极大的元素并置在一起,以达到彼此之间通过对比而互相突显效果的手段。调和是将有对比、有差异的形态融合并有机地组织起来,使之具有整体感,而又不失单独形态的个性。调和又可称为统一,指形态各构成要素之间共性的加强及差异性的减弱,以求获得统一的美感。

事实上,任何形态、色彩、明暗、虚实、动静等形式都是相对的,相比较而存在的,并以对方的存在为条件。增强一方,就是在削弱另一方;同理,削弱一方,也就无形之中加强了对比的因素。人们对事物的认识往往要受其环境的影响,同样大小的形态处在不同的环境中,能表现出完全不一样的视觉效果。而任何对比因素都必须以求得视觉上的平衡为前提,因对比而失去平衡会使结构混乱而破坏整体的关系。控制对比度是寻求平衡的主要方法之一,在追求对比的过程中,不可破坏对比双方的视觉联系。(图3-1~3-9)

◆ 图3-4 高低对比

◆ 图3-1 材质的对比,木头金属椅,希拉·沙米亚(Hilla Shamia)设计作品

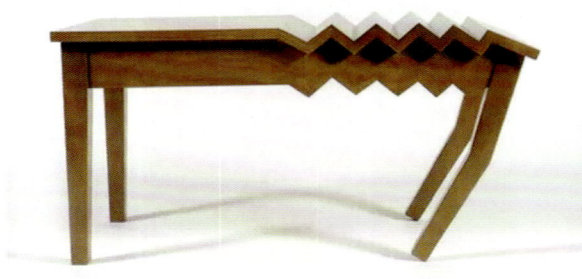
◆ 图3-5 曲直对比

◆ 图3-6 曲直对比,新加坡南洋理工大学

◆ 图3-2~3-3 中西风格对比,中国艺术家邵帆作品

◆ 图3-7~3-8 马修·鲁滨逊(Matthew Robinson)作品Dripping Chocolate Table

◆ 图3-9 粗细对比，立陶宛设计师多纳塔斯·祖考斯卡斯（Donatas Zuk-auskas）的室内装饰雕塑

3.2 对称与均衡

　　对称是指事物形态在中心点或中轴线两边的各部分，在大小、形状和排列上具有一一对应的关系，其形式可分为左右对称、上下对称、左右上下完全对称3种。

　　均衡是视觉轴线两边力量不均，通过互相较量和比较而达到心理上的平衡感，是一种在运动变化中的积极平衡，比对称更灵活。均衡的中心不像对称那样严谨，视觉中心并非一定在中间的位置，就像杠杆的轴心一样，为了平衡两边力量，会随时调整和变化，两边的力量需要相互牵制取得平衡。

　　在立体形态的构造过程中，体块形态、色彩关系、空间处理等，都存在着各种矛盾因素的处理，对称与均衡能较好地让形态呈现出平衡状态。然而，人有适应秩序的天性，更有打破秩序、创造新秩序的欲望，正如德卢西奥-迈耶在《视觉美学》中所说："没有动势，一件艺术品就是静态的，也许看的时间长了还会令人生厌。动势能增加趣味，要使一件艺术品或设计作品具有冲击力，必须要有动势。概念上过于消极的作品几乎不能打动观众。我们的时代是动势的时代，而艺术顺应了这一潮流也是不无道理的。"因此好的形态总是在不平衡中求得平衡。（图3-10~3-20）

◆ 图3-10~3-12 对称，雪橇圣诞树，Hello Wood工作室，匈牙利，布达佩斯艺术广场

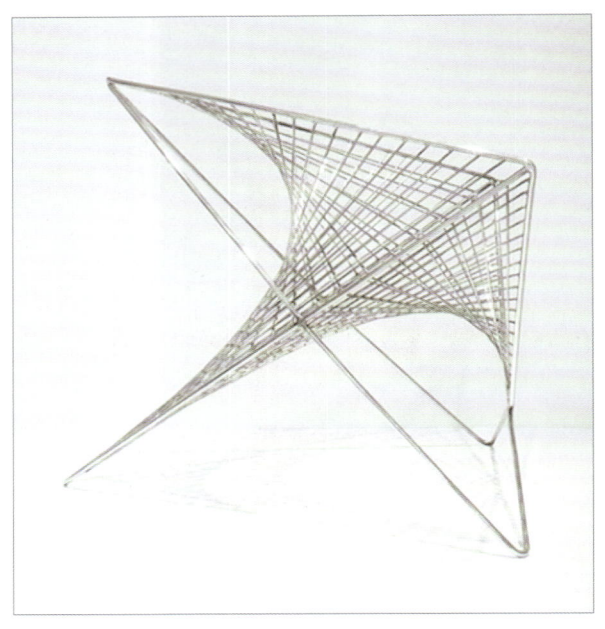

◆ 图3-16 均衡的形态

◆ 3-13~3-14 上下对称设计，深圳音乐厅，日本著名建筑大师矶崎新作品

◆ 图3-17 重量的均衡

◆ 图3-15 中心对称的穹顶结构

3.3.1 重复

某一单元或基本形做有变化的重复，静态重复有形相同而间距不同以及形不同而间距相同两种基本形式。（图3-21~3-24）

◆ 图3-18~3-20 格鲁吉亚边检站，J.Mayer H.建筑师事务所设计

3.3 节奏与韵律

节奏常用于音乐中节拍轻重缓急的变化和重复，在形态设计上指造型元素在位置、大小、方向、疏密、形态等方面有规律地连续重复时引起的视觉心理的有序律动，以及所产生的运动感。

韵律是节奏的变化形式。它将节奏的等距间隔变为几何级数的变化间隔，赋予重复的音符或图形以强弱起伏、抑扬顿挫的规律变化，从而产生优美的律动感。

节奏与韵律是通过体量大小的区分、空间虚实的交替、构件排列的疏密、长短的变化、曲柔刚直的穿插等变化来实现的。节奏是韵律的基础和条件，韵律是节奏的深化。

◆ 图3-21~3-24 材料的重复

立体构成

◆ 图3-29 悉尼歌剧院，约翰·伍重（Jorn Utzon）设计

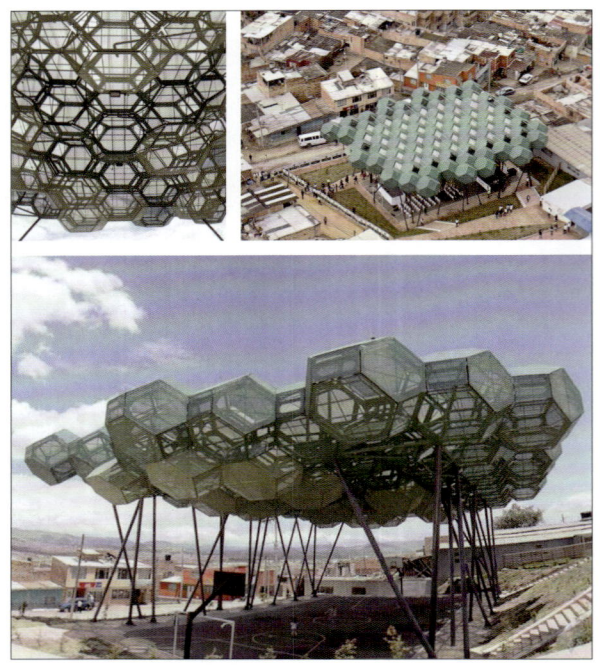

◆ 图3-25~3-27 重复，浮云，Giancarlo Mazzanti建筑事务所，哥伦比亚

3.3.2 渐变

单元基本形做有顺序的发展变化，如由小到大、由短到长、由远及近、由弱变强、由疏变密、由薄变厚等，在组织上做渐变规律的变化。（图3-28~3-29）

3.3.3 起伏

相同或相近的单元基本形，做高低起伏、大小错落、强弱虚实等有规律的变化。（图3-30~33）

◆ 图3-28 河北省衡水市景州塔

◆ 图3-30~3-33 阿利耶夫文化中心，扎哈·哈迪德（Zaha Hadid）建筑事务所设计

3.3.4 交错

单元基本形上下、左右、前后有规律地交错或旋转,使人产生生生不息、浑圆饱满但又有运动的韵律感。(图3-34~3-39)

◆ 图3-38~3-39 混沌,白色钢管中庭雕塑,菲利普·沃茨(Philip Watts),英国

3.3.5 特异

构成造型要素在规律性表现中求突破变化,进行某个要素的强调,造成视觉上的跳跃,以达到奇特的效果。

3.4 比例与尺度

在立体构成中,它是指形体部分与部分、部分与整体数量上的比例关系,体现出形态的美感。

比例的形式法则是指在整体形式中,如何处理部分与部分之间或部分与整体之间产生的一种量度的美感,如长短、高低、粗细、大小、厚薄、轻重等,在配置恰当的原则下即能产生优美的比例效果。

现实世界里具有简单的比例关系的形态往往是优美的,是经得起历史检验的规律。

立体构成中,有以下几种比例运用的形式法则。(图3-40~3-43)

A. 数理几何上的黄金比自古希腊时代就被公认为是最美的比例——1:1.618。

B. 黄金分割三角形,即等腰三角形。

C. 黄金分割比矩形。

D. 各种数列分割。

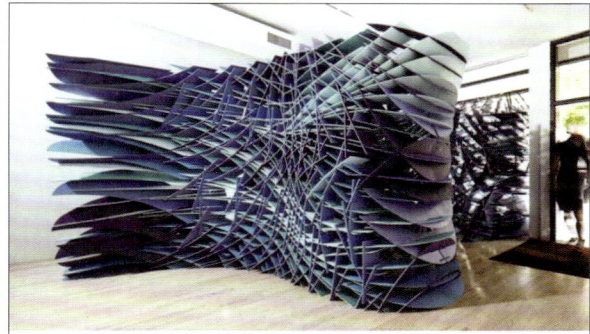

◆ 图3-34~3-37 胶合板咬合装置,FreelandBuck建筑事务所,美国,纽约

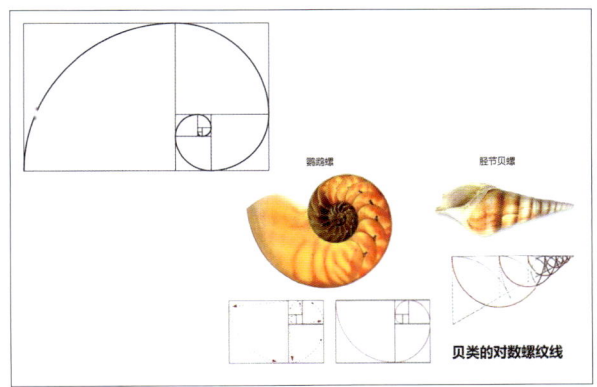

◆ 图3-40 黄金分割比。严格遵循黄金比例的自然形态

立体构成

◆ 图3-41 帕特农神庙

◆ 图3-42 运用黄金分割比例设计的家具

亚里士多德认为"一个有生命的东西或是任何由各部分组成的整体,如果要显得美,就不仅要在各部分的安排上体现出秩序,还要有一定的体积大小,因为美就在于体积大小和秩序"。

尺度就是比较与度量的概念单位,是造型及其局部的大小,与自身用途以及周围环境特点相适应的程度。尺度没有精确的数值,重在把握形态之间的度,以人的视觉感受的合理性和审美性为原则。尺度的应用是感性的、抽象的,比较灵活。尺度印象分三种类型,即自然尺度、超人尺度、亲切尺度。自然尺度是指物体表现它自身的自然尺寸;超人尺度就是将形体显得尽可能大,比其本身更有超长的感受;亲切尺度是指形体造型比它的实际尺寸明显小一些。

◆ 图3-43 高背椅,麦金托什[①]
麦金托什的高背椅设计,打破了常规的靠背尺度,创造了夸张的视觉效果

---

① 查尔斯·伦尼·麦金托什(Charles Rennie Mackintosh,1868—1928),是19世纪、20世纪之交英国最重要的建筑设计师和产品设计师。麦金托什是新艺术运动产生的全面设计师的典型代表。他的室内设计非常杰出,基本采用直线和简单的几何造型,同时采用白色和黑色为基本色彩,细节稍许采用自然图案。因此能够达到既有整体感又有典雅的细节装饰的目的。他的著名设计有希尔家族住宅、杨柳茶室等。设计的家具,特别是他出名的高背椅——Hill House椅(希尔住宅椅),完全是黑色的高背造型,非常夸张,是格拉斯哥四人组风格的集中体现。

第4章 立体构成的材料与构造

　　立体构成是物质的，必须由材料来完成，材料决定了立体构成的形态、色彩、肌理等诸多因素。材料的质地会影响结构的牢固性和稳定性，材料的肌理和色彩也会在视觉上产生不同的心理反应，因此立体构成必须研究材料。

　　社会生活中使用的物质材料是极其丰富的，大致可以分为两个大类，一类是大自然所赋予的，并没有经过人类加工的，例如树木、石块、泥土等；另一类虽然也是大自然的物质，但经过人类的加工和提炼，已经形成了新的物质结构和形态。这些物质有着各自的物质特性，或由于材料本身的结构方式不同而呈现出不同的面貌；或由于物质的色泽差异而带来不同的心理感受；或因其材质的肌理特征而给审美带来无穷的乐趣。大自然是个无尽的宝库，是取之不尽、用之不竭的源泉。

　　在立体构成中，材料的选择是很重要的，因为要利用这些材料的某些特性来完成结构上或视觉上的创造，也必须通过材料的肌理和加工技术来完成视觉上的审美要求。要有效地利用材料，必须对各种材料有一个心理体验的过程，这在包豪斯时代就已经非常重视了。在那个时候所进行的教学课程，有着大量的材料体验和加工的实验，使学生获得了十分有益的经验，对以后的产品设计、家具设计和建筑设计起到了影响。

　　材料的体验目的是感觉各种材料所能产生的心理反应上的差异。以家具材料来说，以木材制成的家具与以金属制成的家具在视觉心理上是不同的，后者有着明显的时代特征，在技术上的印象会更深一些。而前者则更多地会引起装饰上的注意，心理感觉上更传统、更温和一些。所以，立体构成使用的材料是与视觉心理的效果直接相关的，即使是用替代性材料，也要在视觉上达到某种目标。如果将材料的加工技术所产生的视觉也列入，材料的体验则更加充满趣味。

4.1 材料的特性

材料是为结构服务的，对材料进行选择是为了使结构更合理、更牢固。当然也应考虑满足审美视觉上的要求，所以，材料的特性必须要了解清楚。

4.1.1 材料的力学特性

材料在外力的作用下所发生的变化是因外力的不同特点而变化的，并不是一成不变。外力如果是重力，这是一种由上而下的力，力的作用是使下面的材料产生荷载变形；若重力大于下面材料的应力，材料会由于长期的超负荷疲劳而发生结构破坏。如果外力是一种运动性质的力，长期处于运动状态的材料容易产生疲劳，对材料的要求会更高一些。如果外力属于冲击性荷载的话，对被冲击的材料就需要更高的质量。除此以外，还要研究材料因其分子结构不同而产生的不同拉伸度。

4.1.2 材料的加工特性

立体空间构成是与各种材料打交道的，材料必须经过加工才适用。应根据结构功能上的特质来选择所需要的材料，并根据不同的材料特质决定加工的方法。材料的使用是立体空间构成训练的主要课题，学生应该在课程中通过大量的实际训练来积累经验，进一步熟悉各类材料，掌握基本的加工方法。特别是在新材料不断出现并广泛运用在各类设计领域之时，对于新材料的熟悉很有意义。

4.1.3 材料的视觉特性

材料的视觉特性是指运用材料加工的方法，使材料符合结构在视觉审美上的需要。这里的加工手段主要有以下这些。

（1）材料表面的肌理利用和肌理制作

大部分材料都具有显在的肌理，但有时也可以通过对材料的加工来达到获得肌理的目的，例如木材可以车、刨、雕刻和贴面，金属可以锻压、铣、车、冲、镶嵌。

（2）材料表面的色彩制作

大部分材料都具有色彩，天然的色彩具有朴素美、真实感，但也可以对材料进行色彩的附着加工，使之保护材料和美化材料。木材的着色方法主要是涂油漆，也可以用金属薄板粘贴上去的方法，将有机化合材料附着其表面来改变色彩。对于金属材料可以用电镀、喷漆、喷塑等着色方法，也可用抛光、拉丝、镶嵌等手段。当然，许多材料还可以通过软织物包扎的方式来利用织物的色彩。

4.2 常用材料

不同的材料有不同的制作方法，同时，材料又决定了立体构成的形态、肌理等视觉效果。

4.2.1 纸类材料

纸是最方便、最基本的材料，它具有优异的定型性和可塑性，价格便宜，工艺简单，是学习立体构成的理想材料。纸的工艺有折纸、纸雕和纸塑三种。（图4-1~4-9）

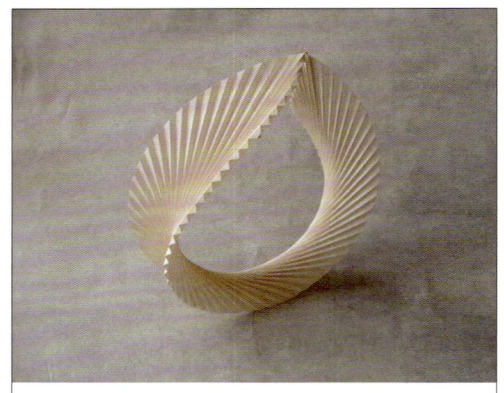

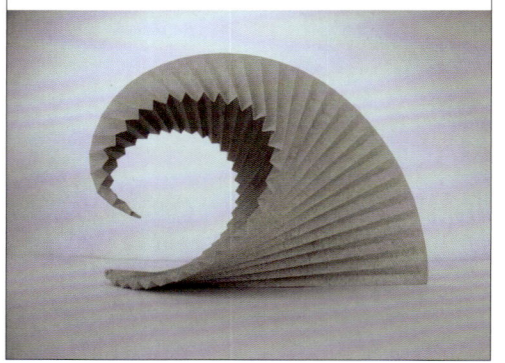

◆ 图4-1~4-2 镶嵌折纸，安德烈亚·鲁索（Andrea Russo），意大利

第4章 立体构成的材料与构造

◆ 图4-7~4-9 纸塑，彼得·珍特娜（Peter Gentenaar），荷兰
圣西奎耶大教堂（Abbey of Saint-Riquier）是法国北部一座15世纪时期的哥特式教堂，近100个类似深海水母般形状各不相同的纸塑作品漂浮在这座宏伟的教堂半空，散落在各个空间。作品有机的造型、鲜艳的色彩与教堂冰冷的质感与线条形成鲜明对比，这些纸塑仿佛一个个生命体正在探索着教堂古老的历史

4.2.2 泡塑材料

泡沫塑料是以塑料为基本组分并含有大量气泡的聚合物材料，因此也可以说是以气体为填料的复合塑料。具有质轻、绝热、吸音、防震、耐潮、耐腐蚀等优点，是立体构成练习中最方便的材料。（图4-10~4-11）

◆ 图4-3~4-6 纸塑，追忆经典，Zim & Zou图形设计工作室，法国，南希
Back to Basics项目历时大约一年，目前仍然在继续。Zim & Zou利用色彩纯度极高的PEFC纸张创作了许多即将消失的经典产品，例如大哥大手机、随身听、宝丽来相机等。模型的细节细腻，色彩搭配极具标识性，他们尽可能地把每张纸最大化地利用以便节约成本与环保

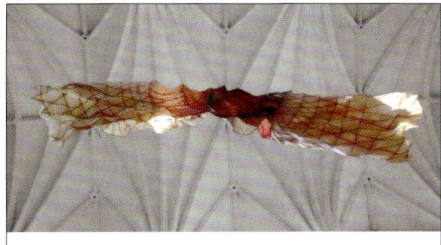

◆ 图4-10~4-11 蓝色蜗牛，Cracking Art Group，意大利
米兰大教堂迎来了蓝色蜗牛的攻击。它们在2012年10月8日到10月13日出现在米兰大教堂的屋顶，这个艺术盛会有个名字叫做"再忧思"。所有蜗牛都是用再生塑料制成，120cm长，55cm宽，高87cm，重13公斤

39

4.2.3 布绳材料

各种布绳材料都是软性材质，可以构成千变万化的"软雕塑"造型，表现手段有折叠、镂空、包缠、剪切、抽纱、编织、系结、缠绕等。通过这些不同的手段可以体现出二点五维半立体浮雕感和三维立体的装饰造型。（图4-12~4-15）

4.2.4 竹木材料

如果说纸、布是人工的造型材料，那么竹、木、藤则是天然的造型材料，其优点是加工容易，质量轻，既有硬性，也有柔性，拉伸强度大，外表美观。但由于竹、木是有机体，会扭曲胀裂、变形，因此加工时要注意适应材料特性，并可上蜡或油漆以防腐。（图4-16~4-21）

◆ 图4-12~4-15 彩虹网（Rainbow Net），编织艺术，堀内纪子，日本

堀内纪子在为吊床主题编织艺术展（Multiple Hammock No.1）准备作品时进来两个小孩，好奇地打量着眼前的一切。未等堀内纪子前来阻拦，小孩竟乐呵呵地爬上吊床玩了起来。吓出一身冷汗的堀内纪子同时被眼前的一切激发出灵感——孩子们的攀爬、摇晃和欢笑为这些原本静止不动的作品赋予了生命，使其苏醒了过来，一切变得精彩无比。自此，堀内纪子对那些安安静静的、把自己作品的灵性全都压抑住的展览失去了兴趣。她问自己："何不编织一个彩色的儿童游乐场，让兴高采烈的孩子们成为我作品最美的一笔！"经过每天10个小时的工作，近日，堀内纪子的新作品"Rainbow Net"终于迎来了孩子们的欢声笑语，他们攀登、弹跳、荡秋千

◆ 图4-16~4-21 Middle Fork，木材雕塑，约翰·格雷德（John Grade），美国

美国西雅图艺术家约翰·格雷德利用上万个木材小单元创造出一个让人叹为观止的复杂作品。作品的形式来源于西部一棵140岁的大铁杉。约翰·格雷德和他的助手爬上这棵大树，用石膏拓印下大树的形体，然后再利用接下来的10个月时间，在MadArt的空间里再现了大树的风貌，以及生命的张力感。数百名志愿者将老雪松木材小块进行打磨拼接，最终完成了这个中空的、水平悬浮的、向四周辐射的枝丫作品。这件作品将环球展览两年，然后被拆散，其原材料将分解回归至自然

◆ 图4-22~4-24 古建筑石材雕塑，马修·西蒙兹（Matthew Simmonds）

坚固的石头内雕刻出的建筑空间展现了一幅幅复杂的内部世界图景，变幻的视角和光线让雕塑呈现出不同的面貌。西蒙兹对石头建筑有着执着的追求，作为石雕师学习绘画技巧为其作品大添异彩。石雕建筑尤其是宗教建筑是西蒙兹作品的主题。这些雕塑作品借助形式语言和建筑哲学，探索了正反两种不同的形式：明亮与晦暗的意义及自然和人类的关系

4.2.5 泥石材料

泥石材料指在立体构成练习中，使用较为方便的一些材料，如雕塑泥土、水泥、石膏粉、滑石粉，还有砖、瓦、沙、石等。这些材料除了本身的加工成型工艺之外，还可以与其他材料混合使用，使立体构成的造型充分体现出综合材料的表现力。（图4-22~4-24）

4.2.6 金属材料

金属造型的形式变化丰富，精致美观，这是因为金属有光泽、有磁性、有韧性、有较强的视觉感。金属的种类很多，但一般在立体构成与雕塑的联系中常以钢、铁、铜、铝、铅为主，金属材料的成型是以线、棒、条、管、板、片等形状为主，加工工艺由于受条件设备所限，基本上是五个方面，即切割、弯曲、打造、组接、抛光。由于教室场地狭窄，作品尺寸一般不宜过大，追求的是小巧精致。（图4-25~4-26）

◆ 图4-25~4-26 韩国艺术家Yeong DeokSeo把自行车链条、工业钢件严密地焊接在一起，组成了这些很有气势的雕塑。这些作品需要如此高超的技艺，这些作品又从精神上让人印象如此深刻：痛苦，自我，冰火两重天，都从密集的链条中最终会合成一股强大的力量。面对沉默的对象，感同身受

4.2.7 废旧材料

废旧材料指现代工业中的各种垃圾，如包装盒袋、各种瓶罐、竹、木、布、绳、碎玻璃、塑料的边角料及废五金材料、废机器零件等。除此之外，还指各种废弃的轻工业产品、生活用品和现成品。然而，就是这些垃圾却成为立体构成、雕塑装置中的"宝贝"，成为后现代艺术里经典的"垃圾文化"。因为，各种垃圾的形态结构、材料肌理和视觉语言都能触发我们创作的动机和灵感，所以，我们在进行这门课程时，首先要到废品收购站或铁工厂去寻找材料，寻找灵感。有了这些废旧材料，通过"相面法"，创作构思也就随之而来了。（图4-27）

◆ 图4-27 垃圾拼凑出的昆虫，马克·奥利弗（Mark Oliver），英国 这些彩色昆虫是用平时生活中被人当做垃圾的磨损零件拼凑出来的。其中包括旧书、太阳眼镜碎片、铜导体、手表齿轮等。奥利弗给这些昆虫的定义是：可以本能地适应现代都市环境的生物

4.3 材料的加工

要达到立体形态的创新设计，必须通过对立体形态进行加工来实现，主要有变形、镂空、编织、解构、组合等几种形式。

4.3.1 变形

变形是指对常规形态进行有目的地加工，创造有强烈表现力的艺术形象的造型方法，比如扭曲、膨胀、改变比例等。（图4-28~4-30）

◆ 图4-28~4-30 沃尔特·迪斯尼音乐厅，弗兰克·盖里

4.3.2 镂空

镂空是指在物体表面进行雕刻或挖洞，使得内部的结构显现出来，形成通透的立体效果。（图4-31~4-37）

◆ 图4-34~4-37 史蒂文·霍尔（Steven Holl）的Riddled Table茶几设计

4.3.3 编织

编织是指把细长的东西互相交错或勾连组织起来的一种造型手法。（图4-38~4-45）

◆ 图4-31~4-33 来自德国工作室fifti-fifti的创意，多变台灯（Take-off Light）的灯罩是两张通过激光切割技术进行加工的纸，用户可以自行去掉固定的形状做出镂空图案，组成多种风格的灯罩设计1

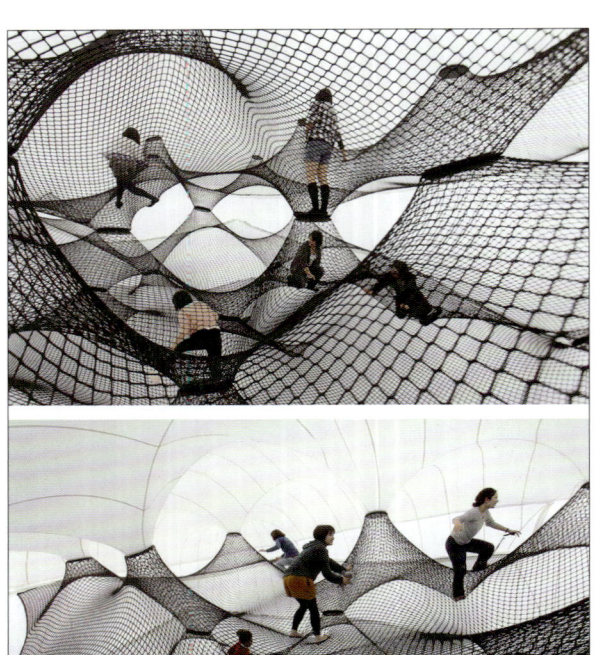

◆ 图4-42~4-44 乌克兰Decorkuznetsov设计事务所设计的针织灯罩。这些灯具内部有一个金属球形结构，外部包裹了一层秘鲁羊毛针织灯罩。有些灯罩甚至和毛衣一样，还有小袖管。每个灯罩都用各种不同色彩的毛线编织，为室内带来了一种温暖的照明效果

◆ 图4-38~4-41 NET Z33项目，NUMEN，日本
NUMEN在横滨湾建造了一个白色柔软充气泡泡，这个泡泡的支撑主要靠充气后自身的内张力。它的内部布置有一层层相互间有联系点并有通路的网。人们可以在里面爬来爬去

◆ 图4-45 西班牙设计师帕特里夏·奥奇拉（Patricia Urquiola）作品

4.3.4 解构

解构是指通过把一个整体形态分解成若干基本形进行再构成。解构的设计手法多元化，如分割、消减、撕扯、剪口、挖孔、劈凿、刮锉、刨削、拆卸等。要求逆向思维，将造型的各个元素进行拆分再组合。也可以把切割出来的基本形进行各种位置的变化，加以滑动、拉开、错落等移位操作，从而形成新的形态结构。（图4-46~4-49）

◆ 图4-46 拆卸，装置，邵帆，中国

◆ 图4-49 穿孔、肖减，朗香教堂，柯布西耶法国

4.3.5 组合

组合和重建简单的形体，可以构成复杂的形体，组合的方式可以是重复、交替、近似、渐变、特异、对比等。（图4-50~4-61）

◆ 图4-47 打散，展示灯具

◆ 图4-48 撕扯，白菜形状的椅子，佐藤大日本

立体构成

◆ 图4-50~4-54 绿色大椅子——墨西哥蒙特雷DECODE设计节临时装置，装置最终结果是一张订满了不同深浅绿色方木片的近二层楼高的椅子（30英尺高，14英尺宽，14英尺进深）

◆ 图4-55~4-61 "与鸟为伴"——槃达建筑，AIM野奢传奇帐篷酒店竞赛方案。帐篷酒店的结构灵感来源于印第安土著帐篷结构，原始帐篷对基地和材料没有任何破坏，因为帐篷的结构是由绳索联系起来的。所以帐篷非常易于建造、拆除和搬运，是一个真正的自由的系统。对于鸟居的结构系统，首先利用两根倾斜的竹子架起横梁，这样保证结构可以在竖向上延展。当层高和跨度加大时，结构可以加倍叠加起来增加强度。然后用绳子把竹子绑扎起来，不需要一颗螺丝，竹子结构维持原始的状态，可以被多次循环利用

第5章 半立体构成

　　在平面的基础上，对某些部位利用切割、折叠、拉伸、卷曲、黏合、挖孔等基本手段，使平面的状态被打破，产生出一定的厚度，进而向三维空间过渡，产生一种介于平面与立体之间的造型形式，这种形式称为"半立体创造"。这也是从平面到立体的初步加工过程，是立体空间构成最基本的训练之一。

　　半立体空间构成的效果在于，从平面上拉起的纸在面积、形状、方向、明暗、不同视角上的形式感。光的作用和折起的纸的不同变化，使原来的纸平面之上出现不同大小的空间，虚实相间，对比而立，具有一种韵味。由于它的基础面是平面，所以其也可以作为一个构件，附着于其他平面之上，产生一种浮雕的视觉效果。它的基本材料是面材，一切面状的材料都能被加工为半立体的构成。

5.1 半立体构成的特点

半立体构成也被称做2.5维构成、2.5维浮雕、半浮雕，是从平面到立体两种形态之间的一个转换。半立体是相对于立体和平面而言的，有其鲜明的特点。（图5-1）

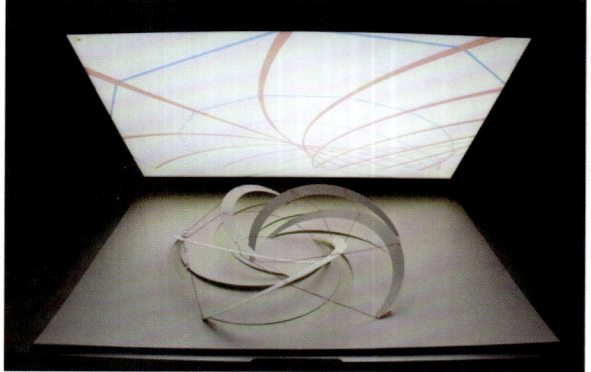

◆ 图5-1 半立体造型

5.1.1 观视角度

立体造型必须是一个在任何角度都适宜观看的造型，而半立体造型的最佳视角是正面，上下、左右面的可视性不强，因此半立体没有围合感。（图5-2~5-3）

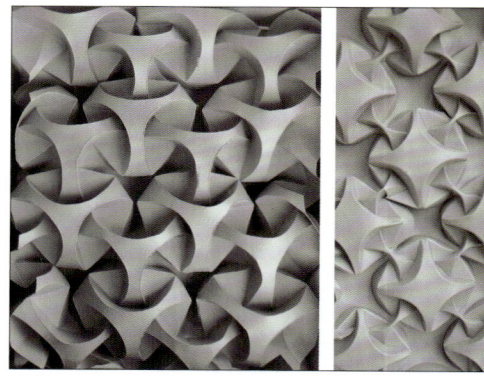

◆ 图5-2~5-3 镶嵌折纸，安德烈亚·鲁索，意大利

5.1.2 尺度观念

立体造型在高、宽、深的尺度上是有一定比例的，半立体造型必须按照相应的比例进行缩短，这种比例缩短主要体现在深度的塑造上。（图5-4~5-7）

◆ 图5-4~5-7 纸结构雕塑艺术，马修·施利安（Matth-ew Shlian）

5.2 半立体构成的加工

半立体加工最基本的材料是纸，可以根据需要选择不同硬度的纸张，通过折叠、压屈、切割、翻转等加工方法，使平面的材料产生立体的效果，这是从平面到立体训练的一个初级阶段。通过对平面材料进行多种手段的变化，可以训练学生的立体思维和动手能力。

5.2.1 折叠加工

纸张的折叠加工工艺源于中国，其历史可追溯到公元583年，当和尚从中国经朝鲜去日本时，带去了许多纸，由于当时纸张非常昂贵，所以他们使用时格外小心，而折纸则成了礼仪交往的一部分，纸张的折叠艺术就是从那时起一代代传下来的。纸张的折叠可启发人们的创造力和逻辑思维,更可促进手脑的协调。在过去的几十年,通过世界各国艺术家的不断创新,纸张的折叠发展到一个前所未有的境界,甚至可以说达到了超越一般人所能想象的地步。很难想象那些极其复杂而又充满视觉冲击力的折叠艺术仅仅是由普通的纸张作为媒介实现的。如今纸张的折叠已经不再只是儿童的游戏,它可以是一种既富挑战性又能启发思维的艺术。

(1) 直线折叠

将平面沿着一条或多条直线折叠。在平面的相应位置设计好折痕线后,可用美工刀刻画出线痕,再将平面按折痕进行折叠。折叠处保留一定夹角,呈现出立体感是平面转化为立体的主要构成原理之一。(图5-8~2-11)

A. 单折

指单方向直线折叠。(图5-12)

B. 重复

在单方向直线折叠的基础上重复操作。(图5-13)

C. 正反折叠

直线折叠的基本方式,在纸面进行正反面折叠操作。(图5-14)

D. 多方向折叠

在纸面上要先设计图形关系,存在多个方向的直线构图。(图5-15)

(2) 曲线折叠

在平面上设置曲线的折痕线,同样可用美工刀刻画出线痕,再沿折痕线弯曲。(图5-16~5-19)

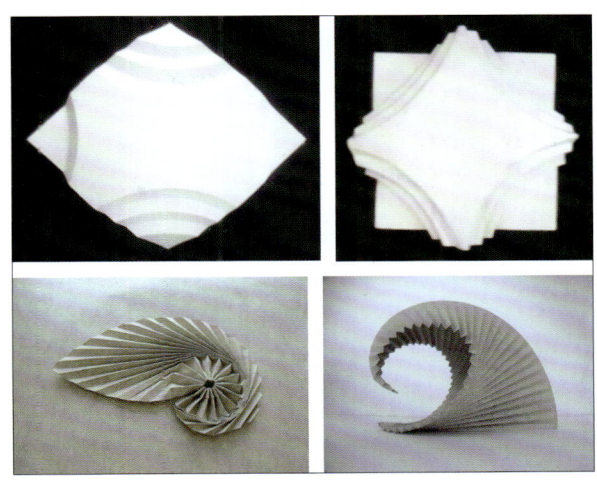

◆ 图5-16~5-19 曲线折叠表现1

(3) 曲面折叠

将平面弯曲成为曲状表面,如圆柱、圆锥、圆台。

A. 管柱状弯曲

将平面素材沿平行方向进行弯曲,两端粘合起来可围合成圆管状立体形态。(图5-20)

B. 圆锥、圆台弯曲

将同心圆上截取的扇形平面素材进行弯曲,两端黏合可围合成圆锥、圆台状立体形态。(图5-21)

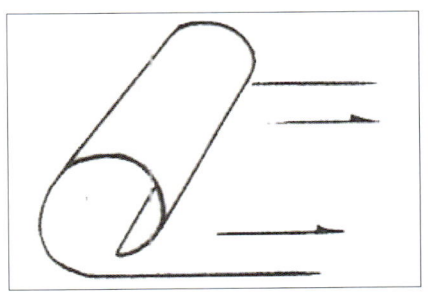

◆ 图5-20 管柱状弯曲

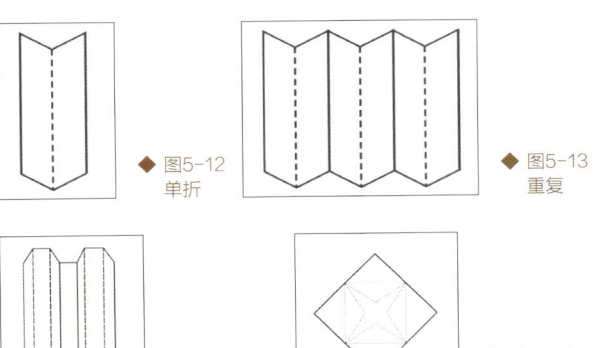

◆ 图5-12~5-15 纸的重复折叠

◆ 图5-12 单折
◆ 图5-13 重复
◆ 图5-14 正反折叠
◆ 图5-15 多方向折叠

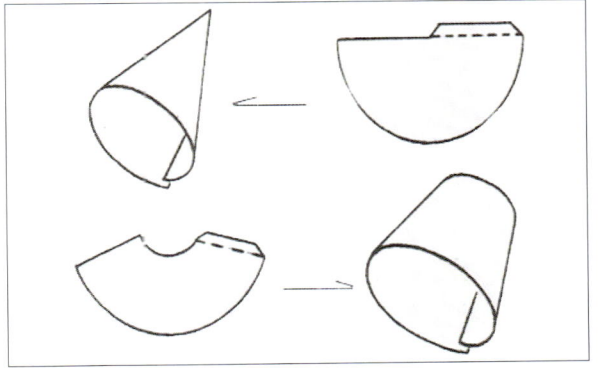

◆ 图5-21 圆锥、圆台弯曲

5.2.2 压屈加工

在立体形态的外凸部位,如棱边、棱角、弧面,将凸出的部分按折痕线压屈凹入。(图5-22~5-29)

(1)直线压屈

折痕线设计为直线,压屈部分作直线压入。(图5-30)

(2)弧线压屈

折痕线设计为弧线,压屈部分作弧线压入。(图5-31)

(3)切割压屈

将压屈部分作切口切割后再压入,切口线的形状可以自行设计。(图5-32)

(4)凹入再凸出

将折屈凹入的部分再作凸出加工,形成凹凸变化。(图5-33)

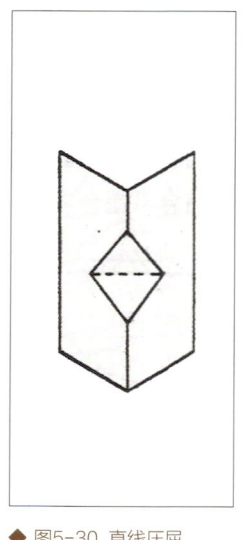
◆ 图5-30 直线压屈

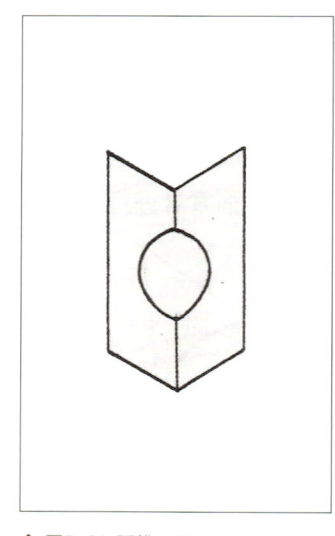
◆ 图5-31 弧线压屈

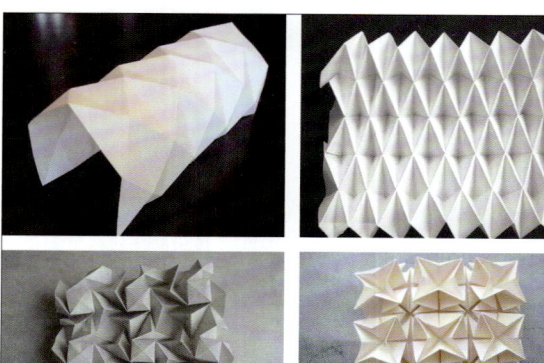
◆ 图5-22~5-25 纸的压屈

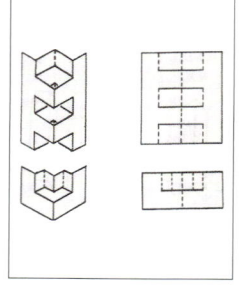
◆ 图5-32 切割压屈

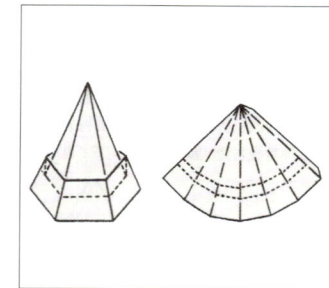
◆ 图5-33 凹入再凸出

5.2.3 切割加工

对平面切口或切割(去掉平面的多余部分),再按折痕线折屈为立体形。

(1)直线切割

纸张的切口线为直线。一般按切口线的数量可以分为一刀切、两刀切或多刀切。两刀切或多刀切的切口线的长度可以相等也可以长短不一。(图5-34)

(2)曲线切割

纸张的切口线为曲线,并以一条、两条或多条曲线切线为基础来做出丰富的造型。(图5-35)

◆ 图5-26~5-29 压曲加工现实应用。ARTIFACTS纸片状橱窗,中国台北

◆ 图5-34 直线切割

◆ 图5-35 曲线切割

（3）切割拉伸

在平面上按预先设计好的匀线作切割，保留一端与平面相连，另一端将切口拉出脱离平面进行造型。（图5-36~5-40）

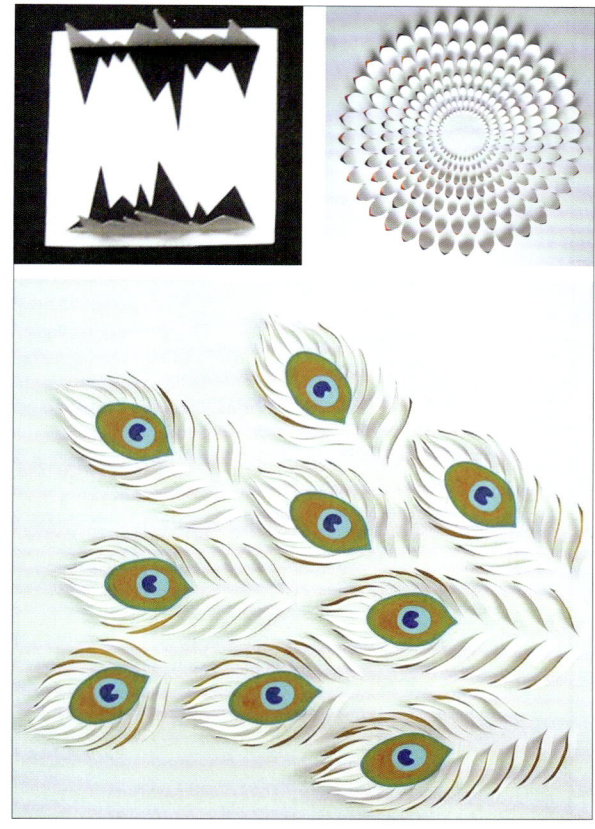

◆ 图5-39~5-40 切割拉伸现实应用。立体书，英格丽·西丽亚克斯（Ingrid Siliakus），荷兰

（4）挖切

将平面上预先设计好的局部图形挖出剪切掉。（图5-41~5-45）

◆ 图5-36~5-38 切割拉伸

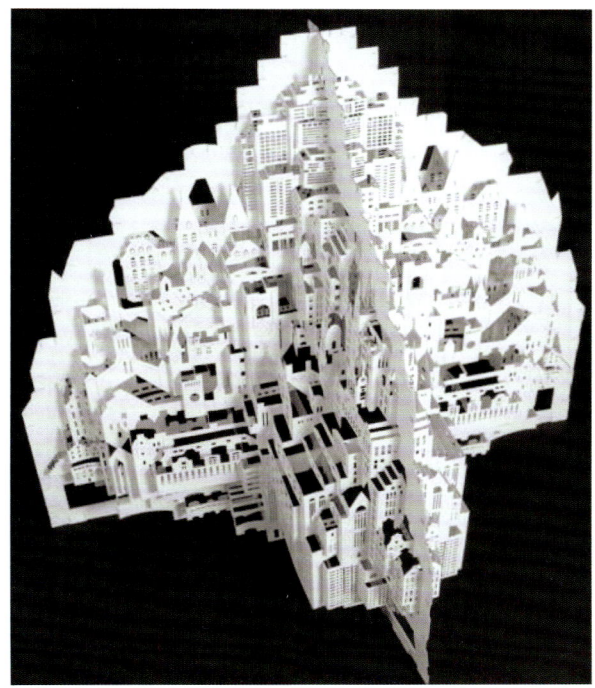

◆ 图5-41 挖切

立体构成

◆ 图5-42~5-45 挖切的现实应用，2010年上海世博会波兰馆，WWA建筑设计事务所

5.2.4 翻转加工

将平面切割后所形成的圈、带、条做弯曲翻转，极具弧线的优美及弹性，可获得生动优美的扭转造型，加工方法之巧妙，可极大地丰富视觉美感，是造型的一种特殊手段。（图5-50~5-54）

（1）不断接翻转

在不进行平面切割的基础上，做出弯曲翻转的造型。（图5-46~5-47）

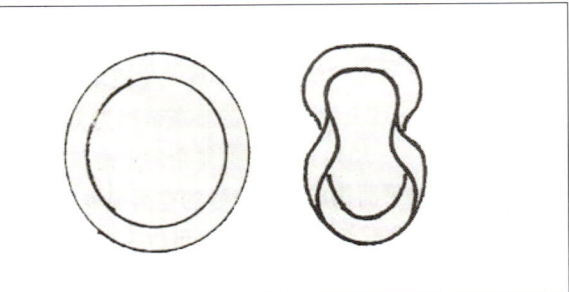

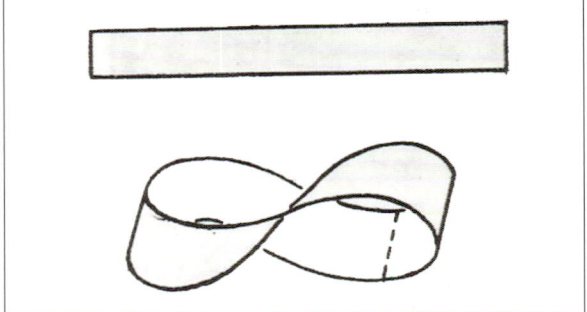

◆ 图5-46~5-47 不断接翻转

（2）断接翻转

将平面切割断开，翻转后再将切口粘合，其造型的整体连贯、流畅性没有丝毫的截断之嫌。（图5-48~5-49）

◆ 图5-48~5-49 断接翻转

◆ 图5-50~5-54 翻转加工现实应用,爱马仕纸艺橱窗,Zim & Zou,法国

教学实战一：造型的纸面切割练习

目的

　　抽象半立体构成是对抽象形的表现、创造，主要在平面上进行切折构成的表现。切折构成即在平面上运用切割、折叠两种手段创造半立体的训练方法，制作简单、造型丰富。

内容

　　（1）不切多折：在平面上用铅笔画出设计图，用美工刀划线（不划破纸），然后依线痕折纸，使之表现半立体效果。

　　（2）一切多折：在平面上做一个切口，使平面做线性、尺度、方向的变化，从而在有限的空间内产生类似于浮雕的半立体造型。平面的周边尽量保持原有的平直。

　　（3）多切多折：在平面上根据构图做自由切割，再通过折屈、压屈、弯屈等不同处理，构成半立体造型。此练习可根据平面构成的渐变、发射、对比、特异等手法组织画面，同时切折后应体现出进深感。

作业数量

　　9张10cm×10cm（不切多折、一切多折、多切多折各3张），完成后装裱于4开黑色卡纸上。

教学实战二：平面纸对折的练习

要求

　　用一张硬质纸，进行适当切割，经过折叠使其形成数个不同的折面部分，建构一个三维的立体空间。作品打开时呈现立体的三维形态，折合后还原为二维平面。可采用有色纸、特种纸。

作业数量

1件，纸张规格为4开

学生作业

◆ 不切多折

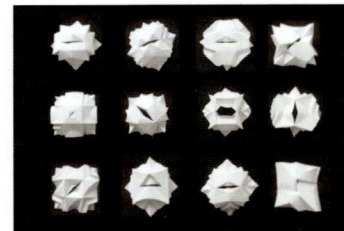

◆ 一切多折

◆ 多切多折

第6章 线材构成

　　线材是以材料的形态特点分类的，线具有长度和方向伸展的特点。由于线细长、单薄，其在空间中缺少力的表现，视觉效果较弱。在造型构成中一般以组团形式出现，通过角度、方向、长短、粗细的变化可以产生丰富的形式美感，以增强视觉冲击力。另外，线的灵巧、变化常使立体的形态具备婉转与流动的美感。

6.1 线的特征

线,因为其粗、细、直、光滑、粗糙的不同,会给我们带来不同视觉特征及心理感受,也直接影响了立体形态的表现。

6.1.1 线的粗细

粗线给我们刚强有力的感觉,而细线会给我们纤小、柔弱的感觉。粗而硬的线材的直立性和可视性较强,在空间中具有一定的表现力,给人坚硬、有力的视觉感受;细而软的线材只能通过框架、轴心进行造型活动,但这辅助形状将最终决定造型的美感和特色。(图6-1~6-4)

◆ 图6-3~6-4 粗线构成,设计师伽马(Gamma)用PVC管打造的Nature Factory服装店

6.1.2 线的直曲

线的曲直同样也给人带来不同的感受。直线具有明快、硬朗的气质,垂直方向组合的线群容易使人产生刚健挺拔、庄严肃穆的感觉;水平线群就显得开阔、平实、伸展和安宁;倾斜线群的组合形态则充满着动感和速度感。曲线与直线相比动感较强,飘逸洒脱是其性格,曲线的组合往往给人节奏和韵律的感觉。(图6-5~6-9)

◆ 图6-1~6-2 细线构成,朱利安·梅厄(Julian Mayor)和他的椅子雕塑作品

◆ 图6-5~6-7 直线构成在景观中的应用,佐佐木叶二[①] 景观作品

---

① 佐佐木叶二(Sasaki Yoji),日本当代三大著名景观设计师之一。1947年出生于奈良,1971年毕业于神户大学,1973年取得大阪府立大学研究生院绿地规划工学专业硕士学位。佐佐木叶二的景观设计不是单纯地从机能或生态学上决定创作作品,而是将景观设计看做是一种艺术创作。

◆ 图6-8~6-9 比利时工业设计师 塞巴斯蒂安·维尔尼克（Sebastien Wierinck）设计的公共座椅，蜿蜒曲折的波纹管从地面渐渐延伸到建筑空间中的其他角落。这样的艺术手段不但使整个空间变得活跃、灵动，也一改公共场所那些座椅在人们心中刻板、毫无趣味的形象

6.1.3 线的排列

　　线的曲直同样也给人带来不同的感受。直线具有明快、硬朗的气质，垂直方向组合的线群容易使人产生刚健挺拔、庄严肃穆的感觉，水平线群就显得开阔、平实伸展和安宁，倾斜线群的组合形态则充满着动感和速度感；曲线与直线相比动感较强，飘逸洒脱是其性格，曲线的组合往往给人节奏和韵律的感觉。（图6-10~6-11）

◆ 图6-10 排列紧密的线

◆ 图6-11 排列疏松的线，Kureon咖啡厅，隈研吾，日本

6.1.4 线的质感

　　光滑的线条会给我们细腻、温柔的感觉，而粗糙的线条会给我们粗犷、古朴的感觉。（图6-12~6-15）

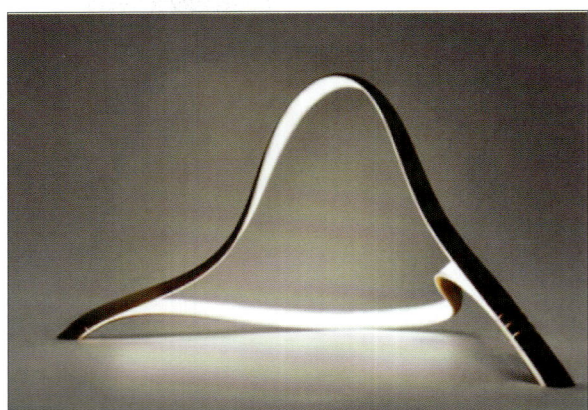

◆ 图6-12~6-15 创意木质沙发和桌椅

6.2 线材构造

线材构造的主要形式包括框架构造、垒积构造、网架构造、连续构造和线织面构造。（图6-16~6-17）

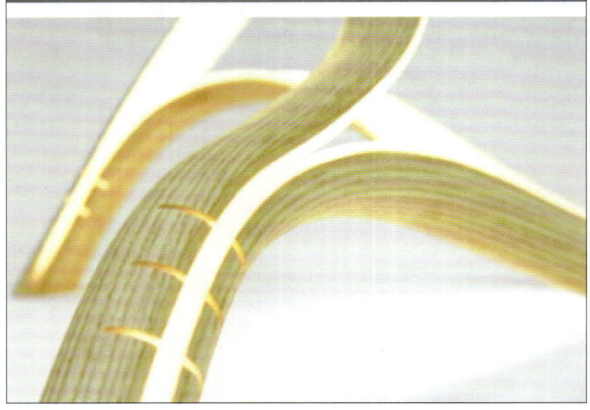

◆ 图6-16~6-17 Free Form Lamp木制台灯，约翰·普罗卡里奥（John Procario）
设计师约翰·普罗卡里奥善于用木头进行创作，这款Free Form Lamp 就很独特。经过蒸汽加工，木条自由地弯曲，展现出丝绸一般的柔韧性。温润的灯光从细缝中散发出来，和谐柔美，留给人们无穷遐想

6.2.1 框架构造

框架构造指将单位线材之间通过黏结、焊接、铆接等方式进行节点连接，形成稳固的结构形态。由多个框架单元组成，常应用于建筑中。（图6-18~6-22）

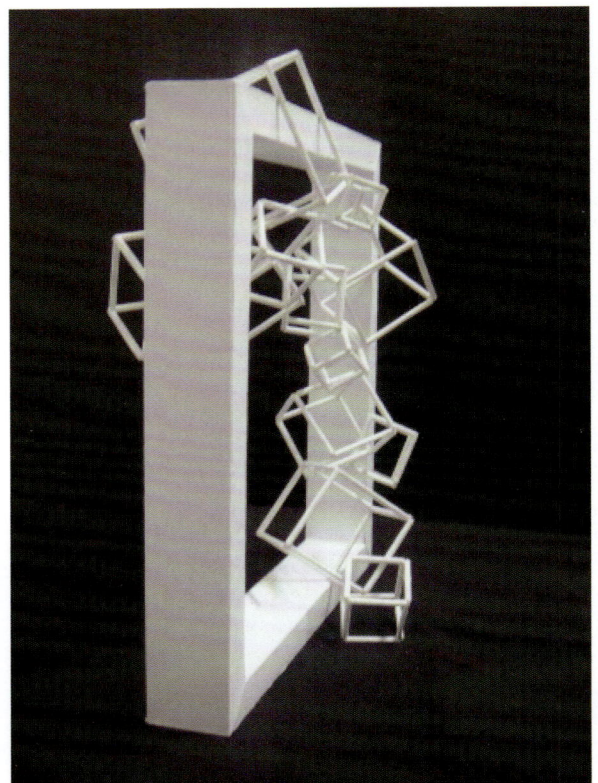

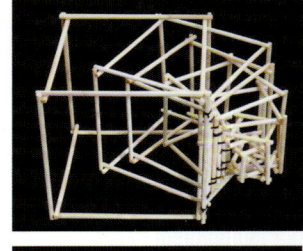

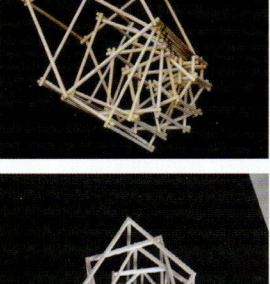

◆ 图6-18~6-22 框架构造练习

立体框架由重复的基本线框组合而成，如方形框、圆形框等，基本框架如做有规律的变化，可以使形态更加新颖。对多个单元框架进行组合，可进行位置、方向的移动，以及线条粗细、长短的变化。对线框进行重复、渐变、密集等韵律构成，可形成有变化的形态，丰富视觉效果。（图6-23~6-30）

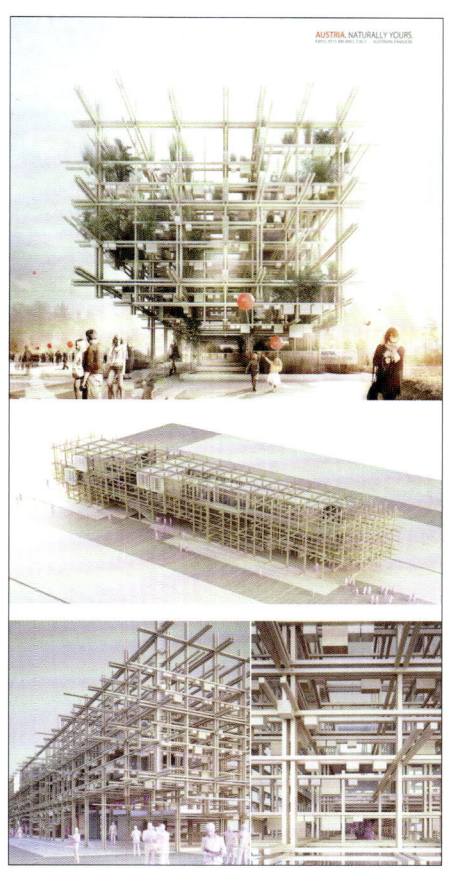

◆ 图6-27~6-30 建筑框架结构，槃达建筑，米兰2015年世博会奥地利馆竞赛方案

6.2.2 垒积构造

垒积构造是指用硬质线材一层层堆积起来，采用索扣、插接、黏结、捆绑等方式来增加整体结构的牢固度。在整个形态的塑造方面考虑线材长短变化、间隔大小变化来获得具有节奏和韵律感的形体。（图6-31~6-43）

◆ 图6-23~6-24 索尔·勒维特（Sol Lewitt）回顾展，1965—2006

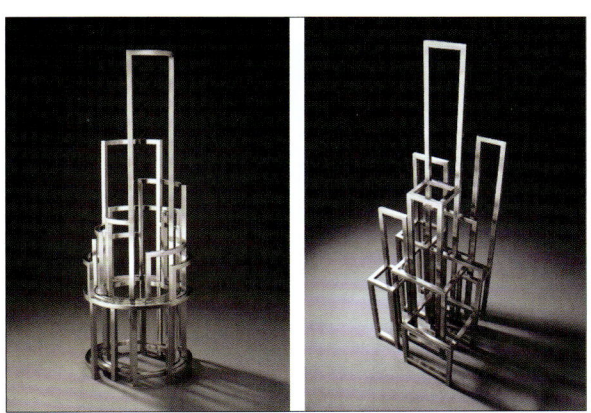

◆ 图6-25~6-26 香港设计师刘小康设计的City Confusion椅子

立体构成

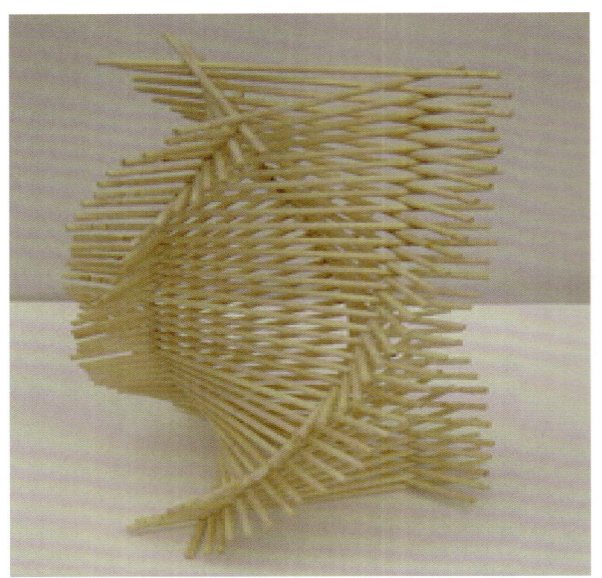

◆ 图6-31~6-35 垒积构造练习

◆ 图6-36~6-37 纸板圣诞树，贾尔斯·米勒（Giles Miller），英国

第6章 线材构成

◆ 图6-44 网架构造练习

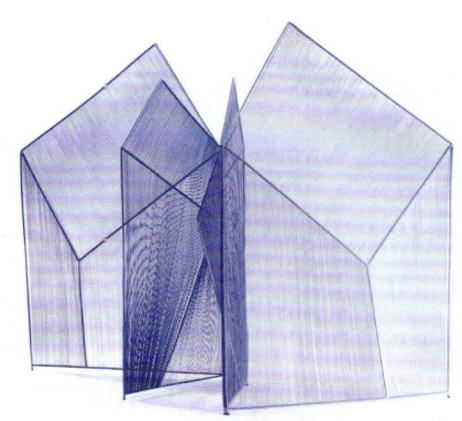

◆ 图6-38~6-43 艺术家阿纳·奎兹[1]使用钢筋与木材创作的景观作品 所有木材都会在不同装置中重复使用，作品被拆解后，所有木材都会被重新再利用'v

（1）网架构造

网架是指采用一定长度的硬质线材，以铰接构造将其组合成三角形，再以三角形为基本单位组合而成的构成。利用单元基本形向空中各方向连续扩展，创造新的形态。利用组成三角形杆件的不同长度来创造富于变化的形态。（图6-44~6-52）

---

[1] 阿纳·奎兹（Arne Quinze），比利时艺术家，其最广为人知的标志性作品是用木材搭建成的装置雕塑。他被喻为"先锋派交界艺术家"。

61

◆ 图6-45~6-46 网架构造练习,中央美术学院学生作品

◆ 图6-47~6-48 深圳音乐厅,矶崎新,中国,深圳

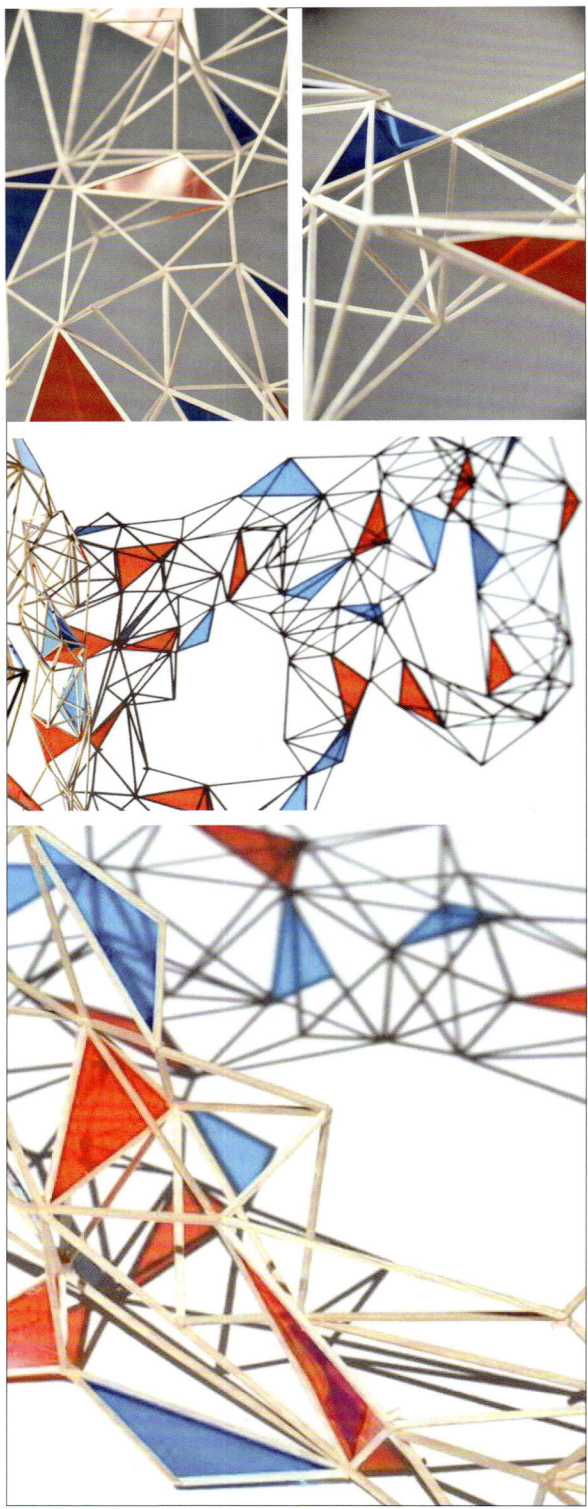

◆ 图6-49~6-52 Frame B,Zim & Zou工作室

（2）连续构造

连续构造是指摆脱框架的束缚，进行自由的连续构成。线的连续运动形成的形态可以是抽象的形态也可以是具象的形态，设计时应注意线条的流畅度。（图6-53~6-62）

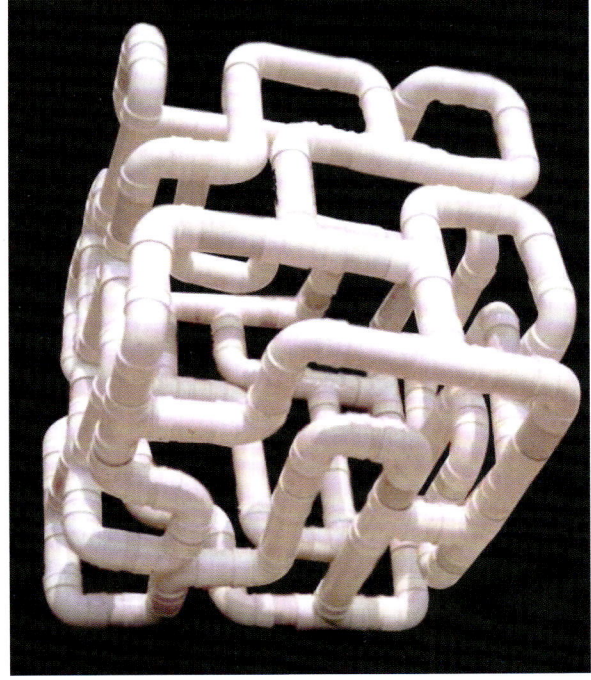

◆ 图6-53 连续构造练习

◆ 图6-56~6-58 Topshop伦敦总店发布会空间布置，42 Architects，英国

"龙卷风"是用黑色PVC管形成的空间漩涡，上面可以悬挂衣服。整个PVC管连成一个整体，顾客被其形体引导。里面布置一些白色构架放置鞋子、饰物、化妆品，同时也为顾客提供座位。建筑师对身体与空间的关系非常感兴趣。建筑可以与人的行为产生互动，刺激或促进某一具体行为的产生

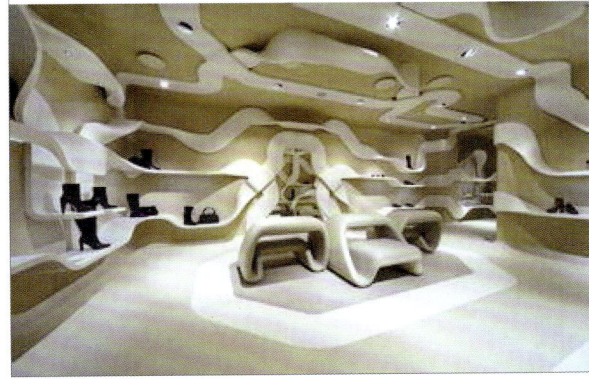

◆ 图6-54~6-55 斯图尔特·韦茨曼（Stuart Weitzman），Fabio旗舰店室内设计，意大利，罗马

立体构成

◆ 图6-59~6-62 海滨长凳，织梦设计工作室（Designers Studio Weave），英国，利特尔汉普顿
长椅的制作材料绿色环保，长达324米，用回收的热带硬木制成，它们来自于垃圾填埋场，或从海边防波堤打捞出来。长椅采用波浪形设计，给人以大胆奔放的感觉

（3）线织面构造

利用线的群化排列，产生平面或曲面。线材与框架的连接可根据导线的材料特点，采取不同的连接方式来固定线的位置。线织面构成中，导线或托架必须要有足够的强度，保证线不被拉伸变形。（图6-63~6-80）

◆ 图6-65~6-66 Rie Egawathe &Burgess Zbryk家具设计

◆ 图6-63~6-64 线织面构造练习

◆ 图6-67 彩色网球拍椅，设计师杰西卡·卡内瓦莱（Jessica Carnevale）

◆ 图6-68~6-72 临时空间，2011年ECO Pavilion获奖作品，MMX工作室，墨西哥

设计师没有在主庭院划出一块独立的区域，反而试图加强与博物馆的联系，从而创造出了一个原有建筑的延伸空间。

在建筑的一角，设计师精心创建了一个绳索交织序列，带来丰富的光影和空间变化。这是一个感性的空间，鼓励游客在其间走走探索，发现不同的新领域、新景点、新视角。设计师建立了一个全新的体验空间，运用绳索交织系统，在院子中创造出不同密度的三维表面，并在局部形成一个较为封闭的空间。空间的开合关系不断变化，并受到绳索投下的阴影影响。在一天中变化无穷，与游客发生互动

◆ 图6-73~6-76 密尔沃基美术馆，美国，圣地亚哥·卡拉特拉瓦

立体构成

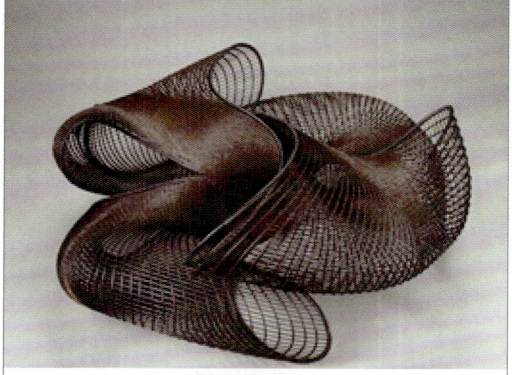

◆ 图6-77~6-80 日本竹艺大师中臣一① 的竹编竹艺作品

教学实战：线的立体构成

要求

选择任意线材，通过对材料加工方式的分析，采用合理的结构方式，构成新形态。

1. 立体造型的平面维度应在30cm×30cm左右。

2. 在作业完成过程中，需对同一种线材提出多种结构和造型方式的假设。

3. 完成的作业应稳定、牢固，体现立体构成物理重心和意象动态的统一。

学生作业

① 中臣一（Hajime Nakatomi），早年在美国顶级私立大学就读，学习陶艺，后遇到日本国宝级工艺大师Shono Shounsai，看到他把竹编花篮编织上升到了全新的艺术高度，备受震撼，于是转而专攻竹艺创作。

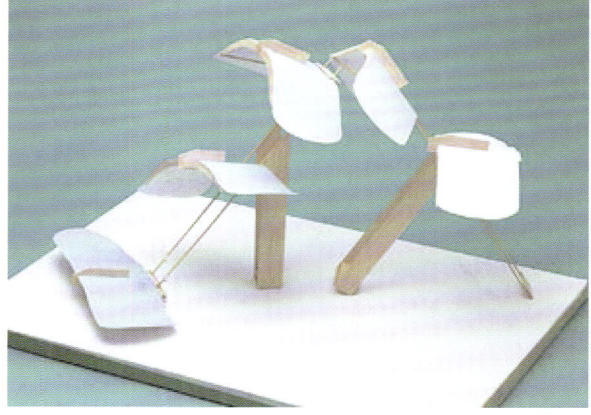
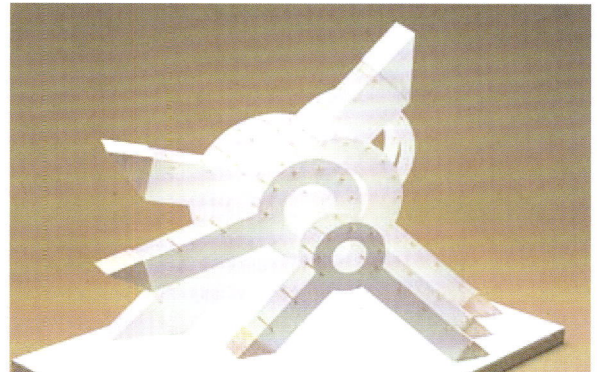
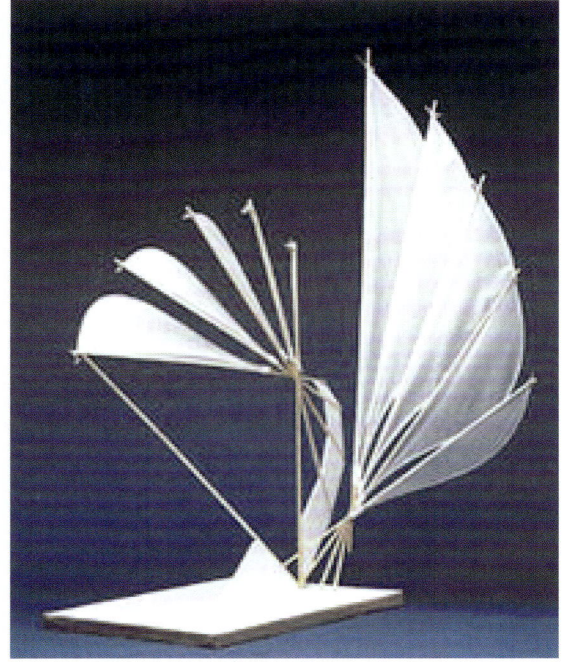
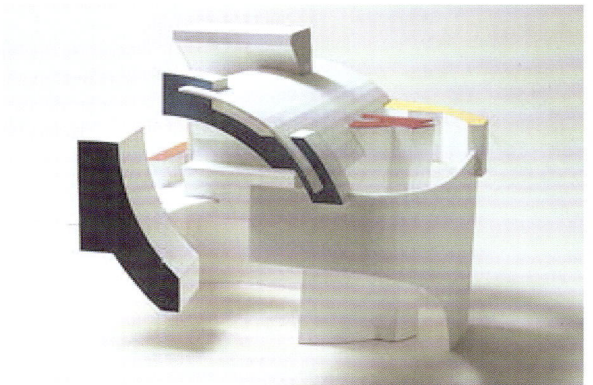
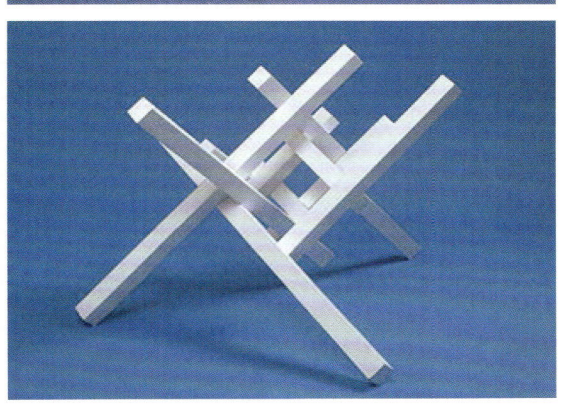

第7章 面材构成

  由具备面的特征的材料，按照一定的形式法则构成新的形态叫做面材构成。面材是视觉上最有效的媒介物，因为任何立体形态都是由"面"组成的。三维空间中面是真实存在的，既有平面视觉感受，也有立体状态下的触觉感受。三维面具有厚薄、平面和曲面之分，位置、方向和角度的变化因素极为重要。

7.1 面的特征

面是介于线与块之间的形态，它由长、宽两度空间构成。当观察者正对面时，体现的是面的形状；当观察者侧对面时，看到的是面的厚度，体现出线的特点。因此，面在立体构成中位置、方向和角度的变化因素极其重要。（图7-1~7-4）

◆ 图7-1~7-4 艺术家迈克尔·墨菲（Michael Murphy）的多层次面孔作品

7.1.1 面的厚薄

面材给人一种向周围扩散的力感，或称为张力感。这是由面所具有的厚薄度及幅面大小的特征所决定的。如果面材过厚，就会显得笨重。面有包容的机能，而薄的面材和透明面材，更可以增加轻快感。

7.1.2 面的形式

面的构成也有多种方式。利用数学法则、定律构成的形称为"几何形"，它给人明确、理智、秩序的感觉，但容易产生单调和机械的弊病。有机形的面是一种不能用几何方法求出的曲面，富于流动与变化，同时不违背自然规律和秩序，给人舒畅、和谐、自然、古朴的感觉，但需要考虑形本身和外在力的相互关系才能合理存在。自然形成、非人的意志可以控制结果的偶然形面给人特殊、抒情的感觉，但有难以得到和流于轻率的缺点。不规则形是大自然中与几何形形成对比的更为复杂的形，比几何形更具人情味和温暖感，更自然，更具个性。

7.2 面材构造

面材构造方式包括折板构造、薄壳构造、插接构造、层积构造、曲面翻转构造、切割拉伸构造和多面构造等。

7.2.1 折板构造

在平面上做平行线，每隔一条折成山或谷就成为简单的折板，以此为基础加上切割再折叠，就可以创造出复杂的立体形。（图7-5~7-19）

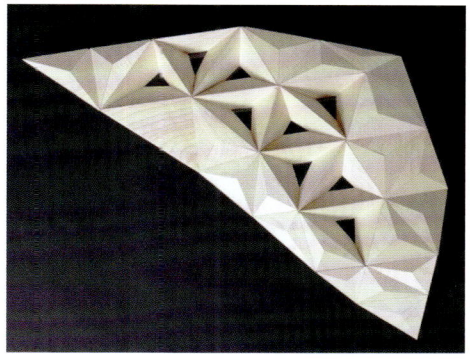
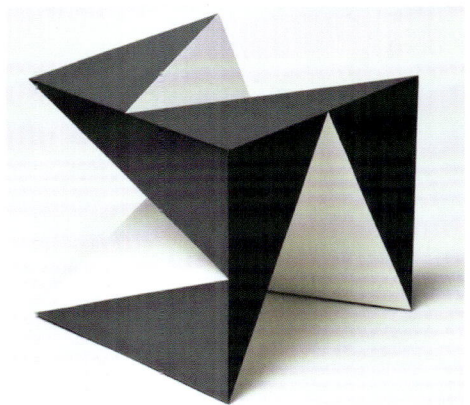

◆ 图7-5~7-7 折板构造练习

◆ 图7-8~7-11 塞尔维亚建筑师伊沃·奥塔塞维奇（Ivo Otasevic），酷似雕塑的椅子

◆ 图7-12 阿联酋设计师Aljou Lootah家具作品

◆ 图7-13~7-14 可折叠台灯，米尔科·基尔希（Mirco Kirsch）

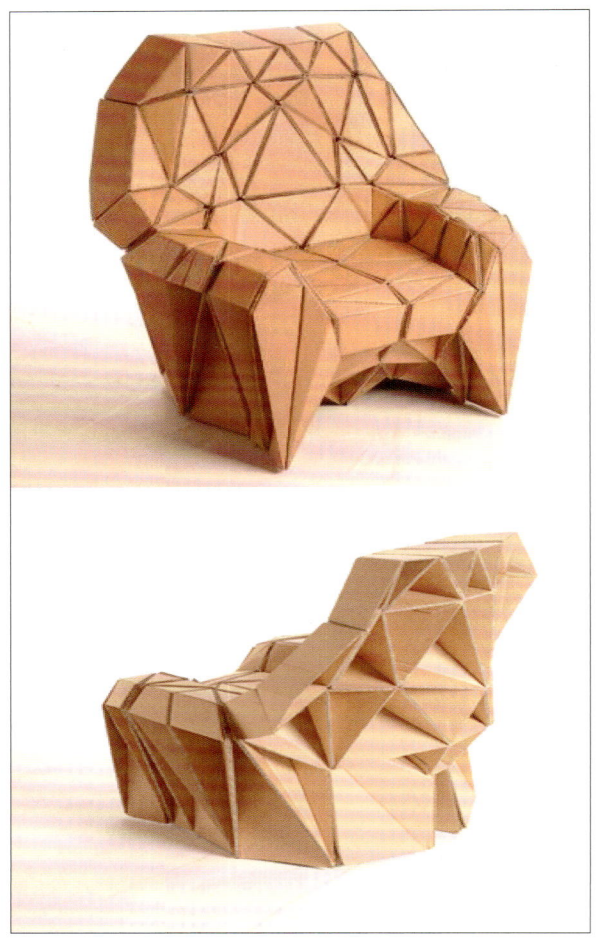

◆ 图7-15~7-16 布拉维的扶手椅，Lazerian工作室

◆ 图7-17~7-19 莫斯科电视秀凉亭，Za Bor 建筑设计事务所

7.2.2 薄壳构造

　　人们发现，蛋壳、蚌壳本身是很薄的，但是这样的外形形状却使它们变得坚固起来。设计师从中得到启发，设计出了省工省料、优美轻便的薄壳结构。从外观看，这些薄壳结构有的像半球形，有的像圆球形，有的像不规则但非常美观的弧形。尽管它们形态各异，却都有着共同的力学特征。薄壳结构在受到外力的作用时，能够把力沿着整个壳体表面向四周均匀传递，使壳体上单位面积受的力并不大。因为薄壳结构能够承受很大的压力，所以设计师用它们做成很大、很薄的屋顶。这不但可以减轻屋顶重量，节约大量材料，而且可以使内部空间很大又没有柱子，所以大型建筑如大厅、体育场馆很多首选薄壳结构。（图7-20~7-26）

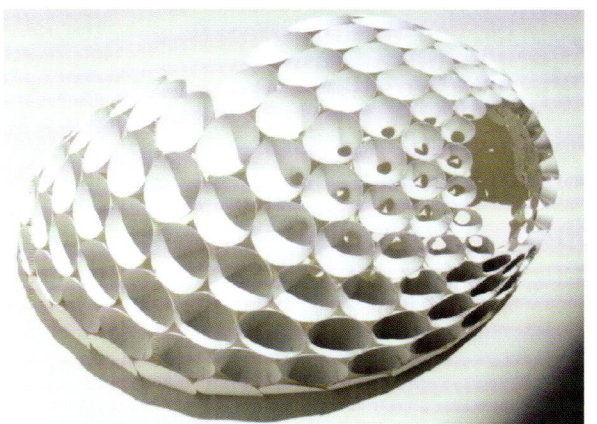

◆ 图7-20~7-22 薄壳构造练习

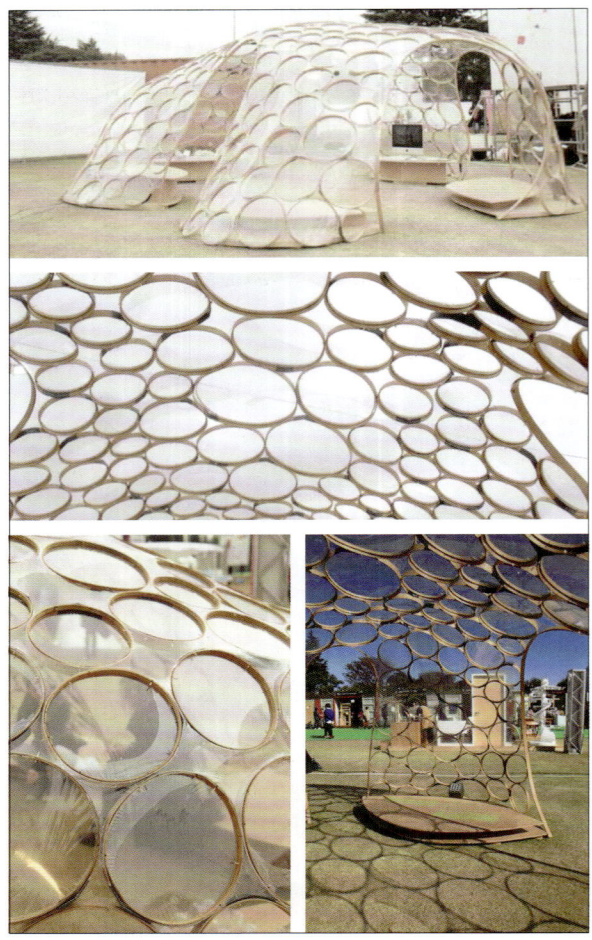

◆ 图7-23~7-26 Circle Pack Pavilion，2012建筑设计展，东京设计师周参展作品，东京大学

7.2.3 插接构造

由于面材很薄，插接构造就是将面材切道口插入其他面材，从而建立成立体形态。

这种结构有利于拆装，可以实现由简到繁、由少到多的层次变化。（图7-27~7-33）

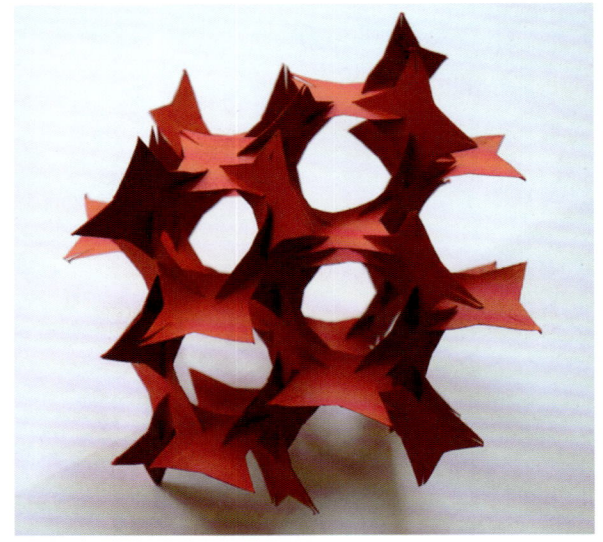

◆ 图7-27~7-28 插接构造练习

◆ 图7-29~7-30 拼插积木+蒙德里安，丹麦设计师诺曼·哥本哈根（Normann Co-penhagen）的作品

7.2.4 层积构造

层积是指在构成中,将面在空间位置按一定的规律和次序逐个排列,形成连续的组合变动,就能产生各式各样面的组合形态。面与面的聚集表现主要是通过粘贴、焊接等加工手法实现的。层积组织主要是根据重复和渐变这两种形式规律进行造型,也可通过层面的位置方向和角度的变化,使层面组织的形态更加丰富、生动。(图7-34~7-47)

◆ 图7-31~7-32 "FIY(Finish it yourself)Junior"(2007)单椅,由荷兰商品设计师、纸制品专家戴维·格拉斯(Daivd Graas)设计,利用一个如同pizza盒大小的包装设计,将商品嵌入包装盒上,简单的几个切割拼插,不用任何黏胶或钉子就可以组装成一把儿童椅

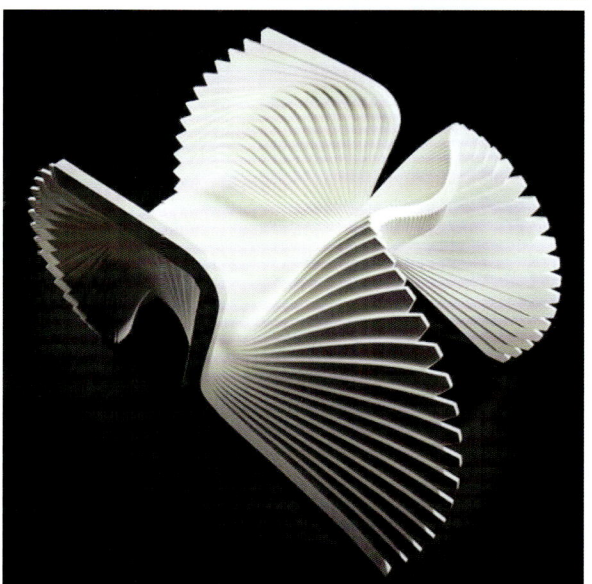

◆ 图7-33 黑色叶子堆叠的创意台灯,瓦西里·布坚科(Vasiliy Butenko)

◆ 图7-34~7-36 层积构造练习

◆ 图7-37~7-39 隈研吾设计,米兰城市自然景观规划方案
（Naturescape for Urban Stories）

◆ 图7-40~7-42 "岩排溪村"结构装置可以看做是"现代梯田"在城市广场的一次"降落"实验。它由三个高低错落的体量通过联结体围合而成,内部形成的空腔将三个联结体贯穿成一个整体。大小不均的孔洞按照装置表层的法线方向不均匀排列,并将表皮与内壁贯通起来,光线、景观透过孔洞漫射进来形成光怪陆离的空间效果。每个体量在底部和顶部都是独立的,分别设置有独立的出入口。三个体量在中部围合形成一个公共空间——"天井"庭院,这里成为人们交流、派对、游历、休息及思考的场所

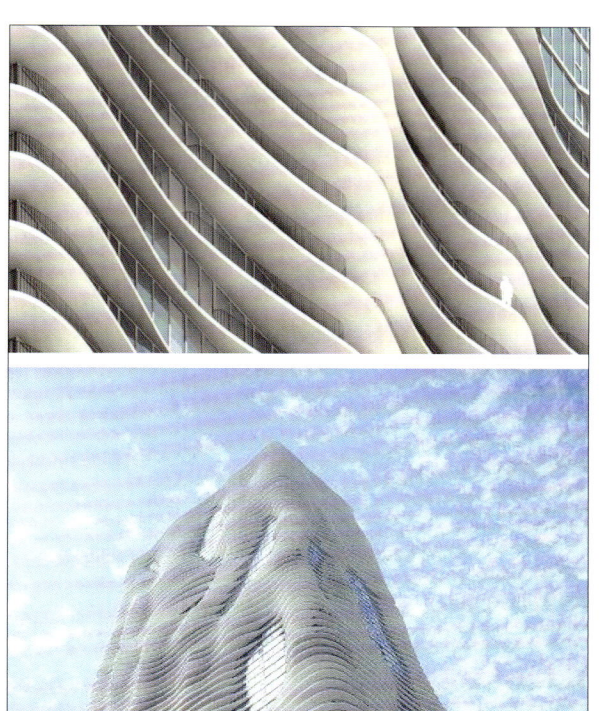

◆ 图7-43~7-44 芝加哥"爱克瓦大厦"

◆ 图7-45~7-46 BanQ餐厅室内设计，dA工作室，美国，波士顿

◆ 图7-47 公共区域创意雕塑灯，Heathfield & Co

7.2.5 曲面翻转构造

将面材通过人为的弯曲和翻转，使平面发生角度和方向上的改变，造成具有一定深度的立体空间。（图7-48~7-69）

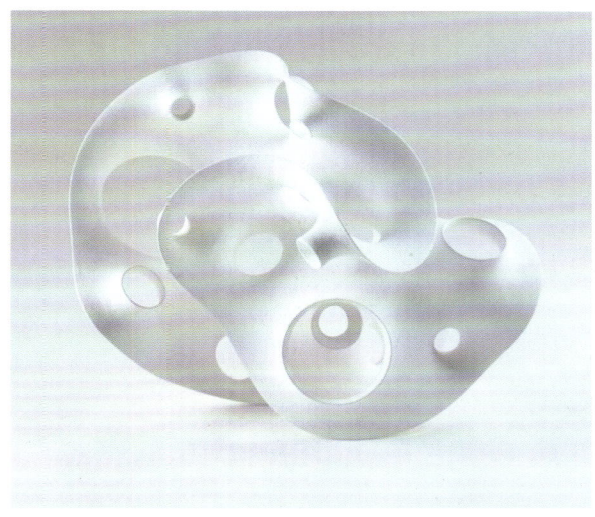

◆ 图7-48~7-50 曲面翻转构造

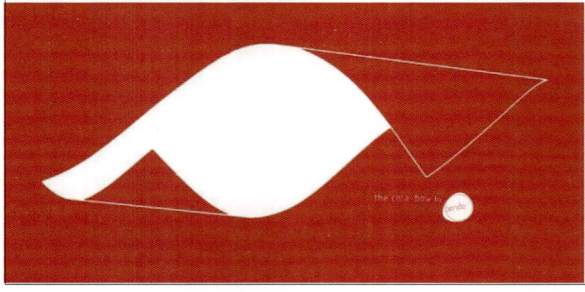

◆ 图7-51~7-53 槃达建筑（PENDA）在中国设计搭建的动感可乐瓶子装置。这个可乐装置利用17000个回收可乐瓶子灵动地编织出一个像是可口可乐标志那样的动感造型。这些瓶子均从北京周边的大学与可口可乐公司回收点收集而来。作品旁放置了一份关于垃圾污染的声明，旨在提高人们回收塑料的环保意识1

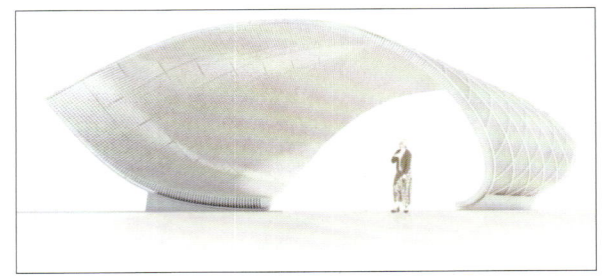

◆ 图7-54 槃达建筑（PENDA）在中国设计搭建的动感可乐瓶子装置。这个可乐装置利用17000个回收可乐瓶子灵动地编织出一个像是可口可乐标志那样的动感造型。这些瓶子均从北京周边的大学与可口可乐公司回收点收集而来。作品旁放置了一份关于垃圾污染的声明，旨在提高人们回收塑料的环保意识2

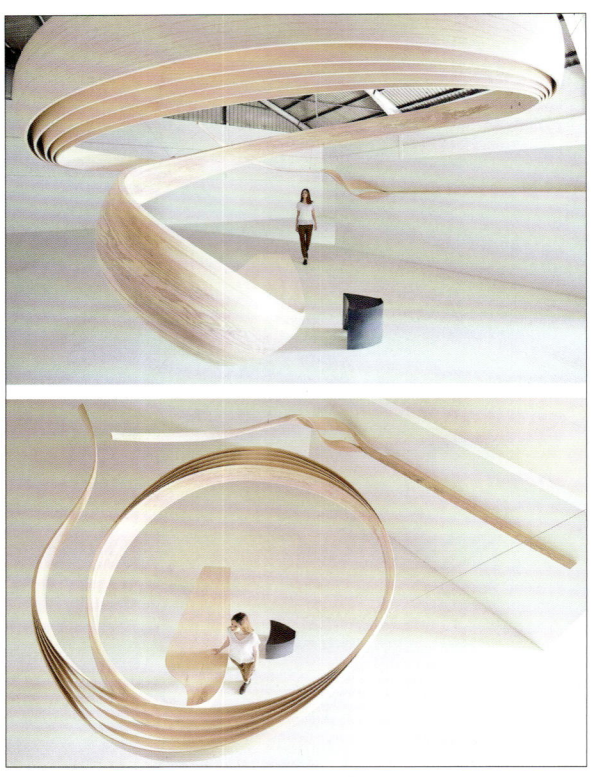

◆ 图7-55~7-56 装置艺术，Magnus Celestii，约瑟夫·沃尔什（Joseph Walsh）

◆ 图7-57~7-59 建筑师Hung-Yin Yen为纪念外祖母，在母亲的要求下在台湾建造了一座纪念碑。传统的闽南式陵墓被一个Ω字形建筑由前至后抬高脊状突起围绕着。建筑师提取这一传统元素进行设计，开放的绳结抬升，像父母与子女，象征性地环绕上方空间后最终连接成一个连续的结构。建筑师相信："正如这个接连不断的几何体所表现的一样，广阔宇宙中的生命永无止境，生命的旅程既无开始也不会终结。"

◆ 图7-60 伦敦设计师、建筑师朱利安·哈克斯（Julian Hakes）跳脱出保守惯性的束缚，创作了这款富有创意的鞋。深入骨髓的清爽风格，流线型的设计，多种鲜明的配色。并且这种鞋子的设计非常符合人体工程学的原理，能够十分合适地包裹住整只脚，并且能够自如扭动。设计师因为这个系列获得 Drapers Award最佳年度鞋履设计师

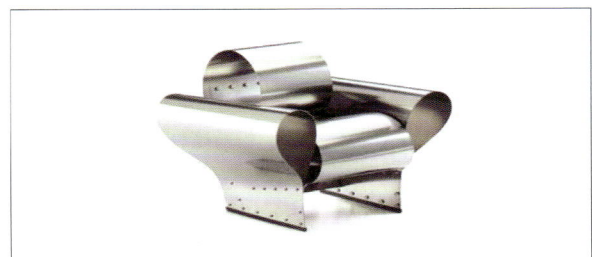

◆ 图7-61 锻造椅，罗恩·阿拉德（Ron Arad）

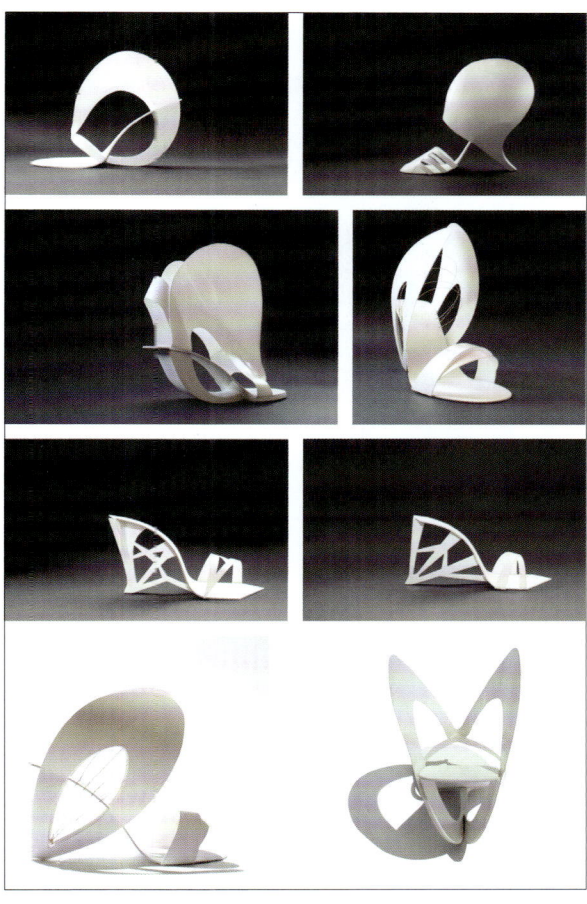

◆ 图7-62~7-69 鞋的设计，迪·彼得罗维奇（Tea Petrovic）。这些鞋的形态独特、灵动、富有活力和变化，通过面材的互相穿插、镶嵌和扭转，形成充满力量、轻盈而且有机的三维空间

7.2.6 切割拉伸构造

在平面上按预先设计好的匀线做切割，保留一端与平面相连，另一端将切口拉出脱离平面进行造型。（图7-70~7-77）

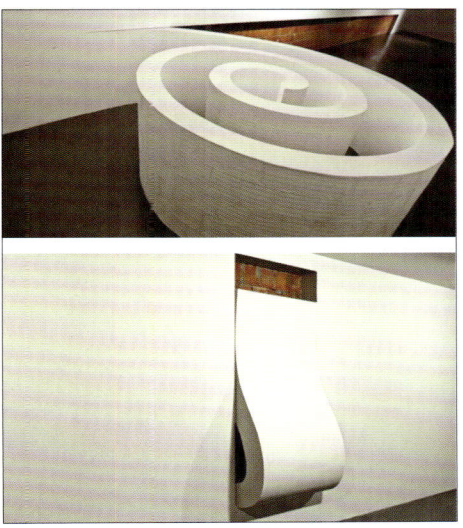

7.2.7 多面构造

多个平面可以建构出立体形态，而平面的几何形状和数量也将决定立体形态存在的样态，并且面的数量越多，多面体就越接近球体。根据构建多面体的平面间的关系，可将其分为柏拉图多面体（正多面体）、阿基米德多面体和不规则多面体几种。

（1）柏拉图多面体

柏拉图多面体指平面各面绝对重复并且以直线段为边长的正凸多面体。主要有以下几种：正四面体、正六面体、正八面体、正十二面体、正二十面体。（图7-78~7-82）。

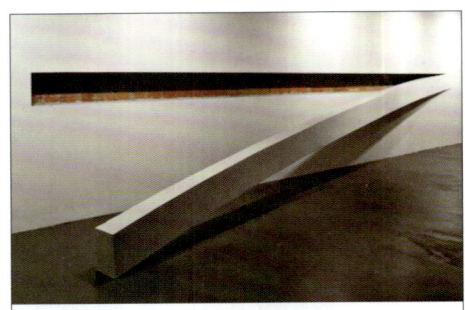

◆ 图7-70~7-73 墙体雕塑，穆罕默德·阿里·乌伊萨尔（Mehmet Ali Uysal）画廊墙面形成的鲜活雕塑，空间也成为艺术。打破平凡、冰冷，展现出惊喜、变化

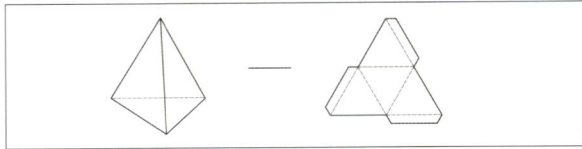

◆ 图7-78 正四面体和正四面体展开图

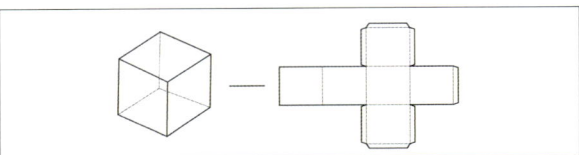

◆ 图7-79 正六面体和正六面体展开图

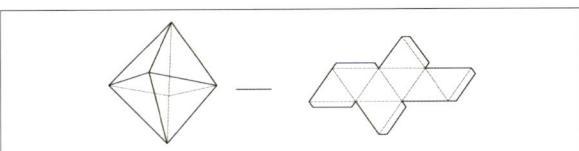

◆ 图7-80 正八面体和正八面体展开图

◆ 图7-74~7-75 切割拉伸在景观设计中的运用

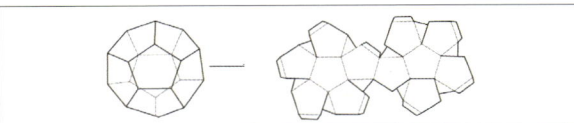

◆ 图7-81 正十二面体和正十二面体展开图

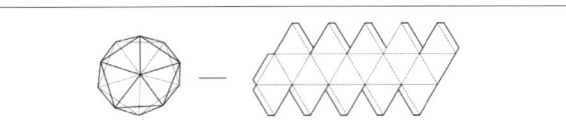

◆ 图7-82 正二十面体和正二十面体展开图

（2）阿基米德多面体

阿基米德多面体是由超过一种的正多边形或多边形组成的多面体，每个图形的边长相等。主要有以下几种：等边十四面体（正方形、正三角形），等边十四面体（正方形、正六边形），等边二十六面体（正三角形、正方形）（图7-83~7-88）。

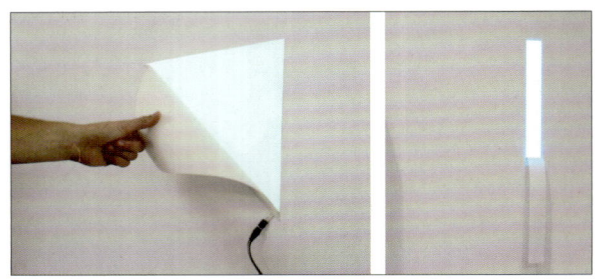

◆ 图7-76~7-77 切割拉伸在灯具设计中的运用

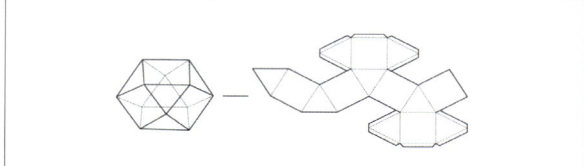

◆ 图7-83 正方形与正三角形组成的二十六面体及其展开图

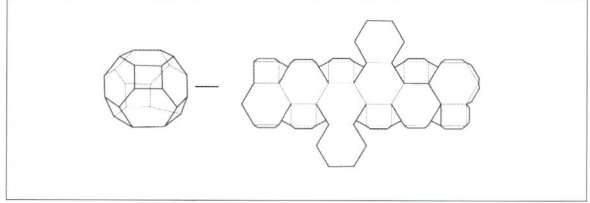

◆ 图7-84 正方形与正六边形组成的十四面体及其展开图

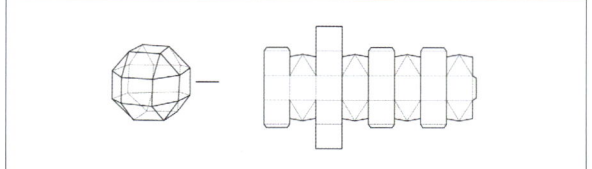

◆ 图7-85 正方形与正三角形组成的十四面体及其展开图

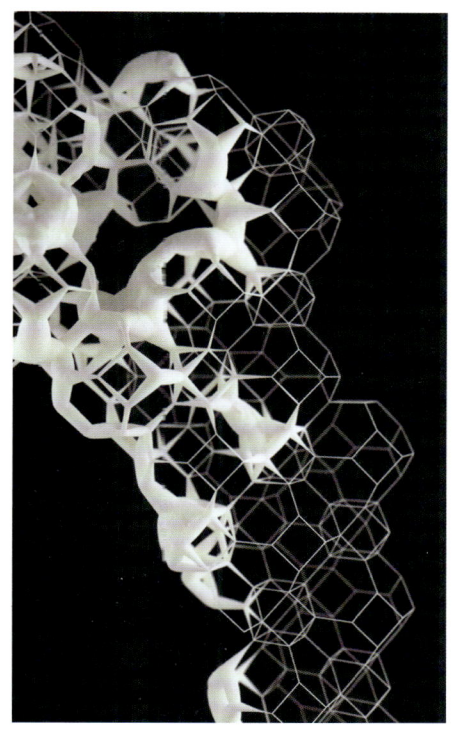

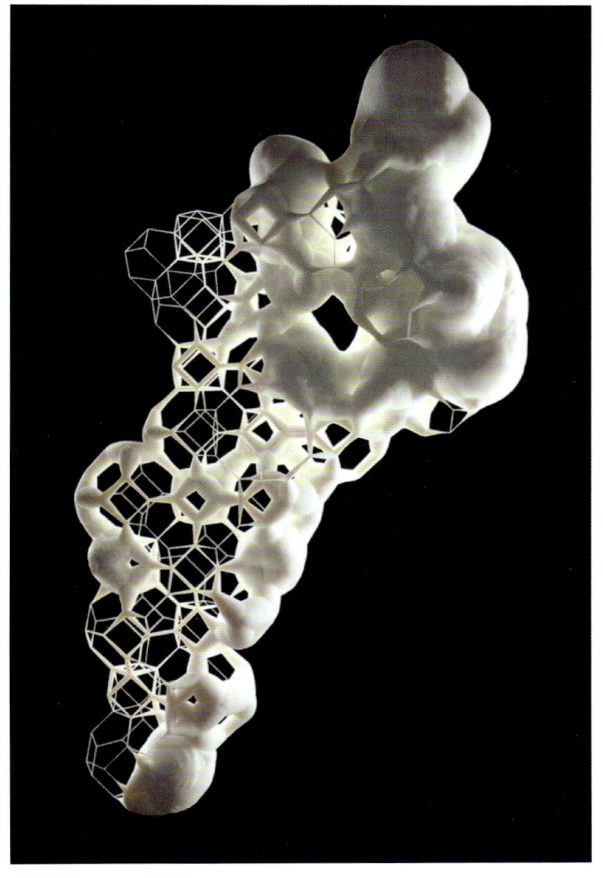

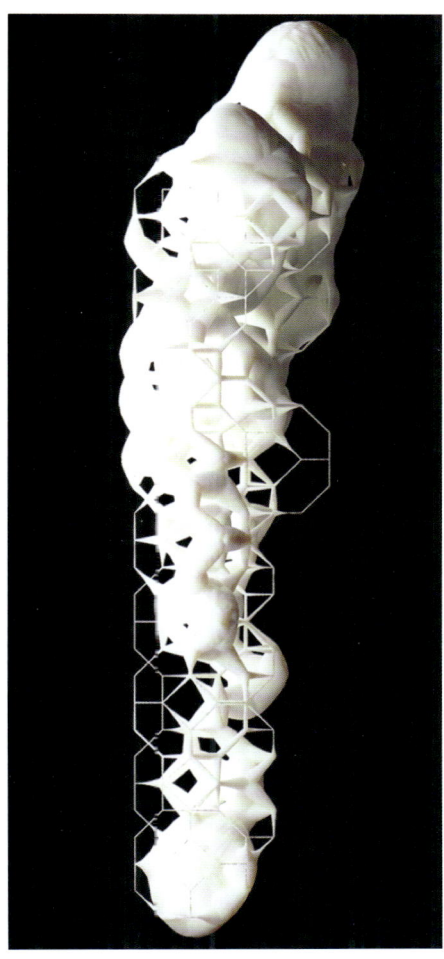

◆ 图7-86~7-88 十四面体组合构成

立体构成

（3）不规则多面体

不规则多面体是在多面体的基本形上加工而形成的新的形态。可以通过对多面体基本形的角、边、面进行处理，比如进行凹凸加工变化，使其变化丰富多彩，也可以通过对多面体结构的变化进行新的不规则多面体的创造。（图7-89~7-107）。

◆ 图7-89~7-90 不规则多面体构造练习

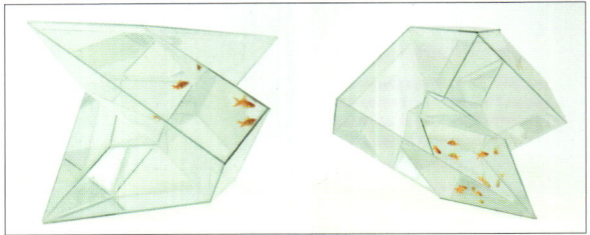

◆ 图7-91~7-92 不规格多面体鱼缸，BCXSY工作室设计

◆ 图7-93~7-95 不规则多面体建筑，STARHILL购物广场，马来西亚，吉隆坡

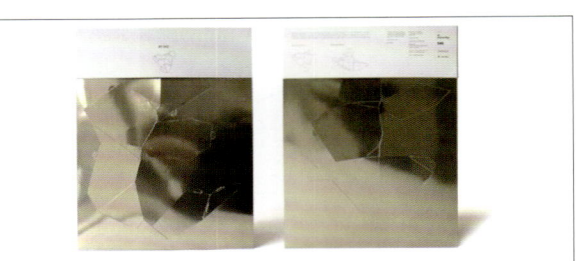

◆ 图7-96~7-107 互动灯具，Zirkumflex

教学实战：面的立体构成

要求

选择任意面材，通过对材料加工方式的分析，采用合理的结构方式，构成新形态。

1. 立体造型的平面维度应在30cm×30cm左右。
2. 在作业完成过程中，需对同一种面材提出多种结构和造型方式的假设。
3. 完成的作业应稳定、牢固，体现立体构成物理重心和意象动态的统一。

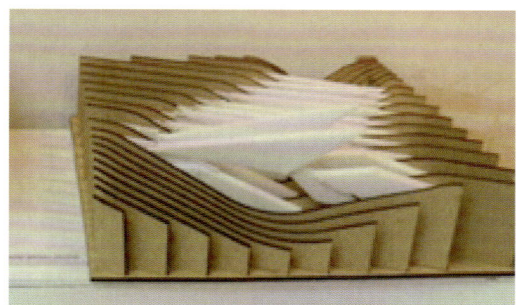

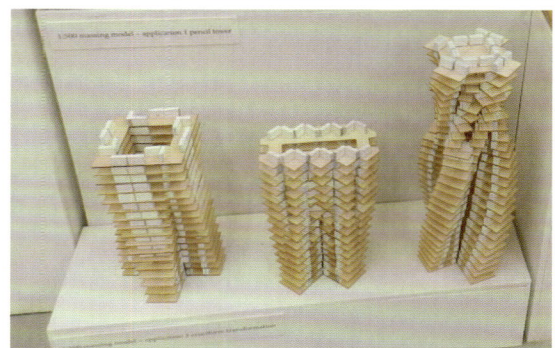

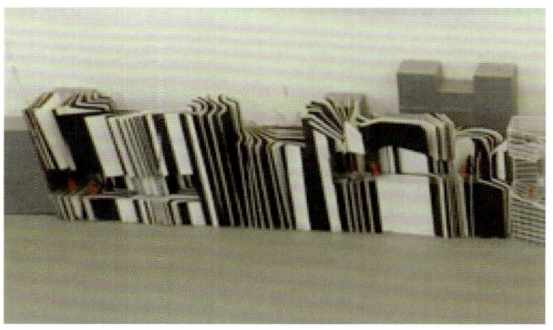

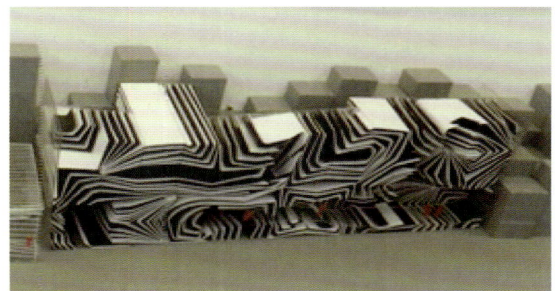

第 8 章 块材构成

　　块状材料是立体空间构成最基本的材料，块材是线与面的结合体，具有长度、宽度和厚度，给人以体积和重量感，表现力更为强烈。块材本身就具有长、宽、高三维空间的封闭实体。块材的构成讲究形体的刚柔、曲直、长短等因素的对比变化以及空间的对比等。

8.1 块的特征

8.1.1 几何平面型块体

由四个以上的平面和直线边界衔接而成的封闭空间实体，如立方体、三角锥体以及其他几何平面所构成的多面立体。其具有简练、大方、庄重沉着的性格，如金字塔。

8.1.2 几何曲面型块体

几何曲面型块体是指由几何曲面构成的回旋体。表面为几何曲面型，秩序感强，具有理智、明快、优雅和庄严的视觉效果。如圆球、环、柱等。

8.1.3 自由曲面体

自由曲面体是指由自由曲面构成的块状立体造型，包括自由曲面形体和自由曲面所形成的回转体，如酒杯、花瓶等。其中大多数为对称形，具有凝重、庄端、优美活泼的性格。

常见的块材有实心块材和空心块材。

实心材料有结构紧密的，质量重的，如石块、铁块；也有结构疏松的，质量轻的，如木块。而空心材料一般也有两种不同的情况，一种是以围合的方法构成，并用面材加工而成，例如各种折面的几何多面体块，另一种是通过加工的方法制成的空心体块，例如用铸造、模压、镂空、吹制等手段加工成的块状。

8.2 块材的构成

块立体构成的形式主要有单体变形、减法创造、加法创造几种形式。

8.2.1 单体变形

单体是块材原始而单纯的形态，所有体块造型都由此开始。单体变形构成用基本形态的体块如球体、柱体、锥体、立方体、多面体等做基本形态，通过变形使冷漠的几何形体向有机形体转化，从而更具有人情味。（图8-1~8-9）

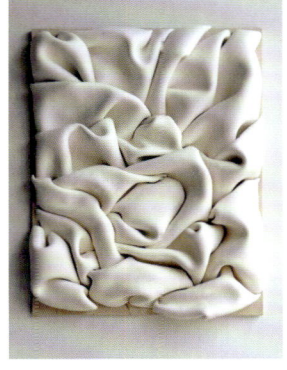

◆ 图8-1~8-2 单体变形练习

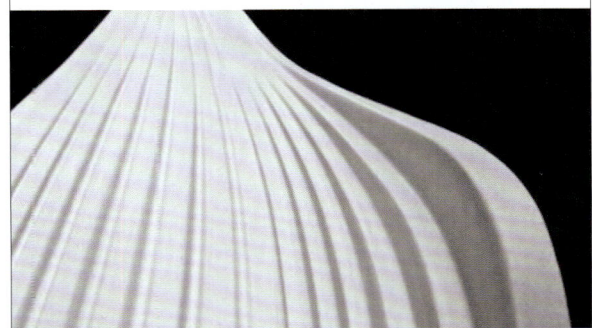

◆ 图8-3~8-5 冰塔座椅，扎哈·哈迪德，意大利，米兰

8.2.2 减法创造

减法创造主要指对基本形体进行分割、打散、切削而创造成新的形体,传达新的意义。(图8-10~图8-14)

 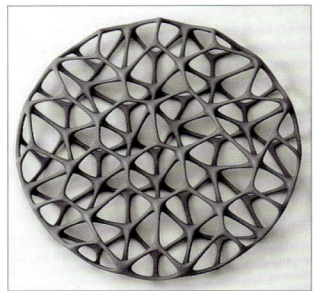

◆ 图8-10~8-11 减法构造练习

◆ 图8-6~8-9 奥斯坦德Rock Strangers(金属装置)

◆ 图8-12~图8-14 2010年世博会意大利馆,中国,上海

8.2.3 加法创造

加法创造指通过积聚、拼贴、堆积、叠合、捆扎、钉接、榫接、链接等方式把简单的立体形态进行组合重建,从而形成新的复杂的立体形态。主要包括单位形体相同或相似的块材用集合的手段组合起来,在位置、数量或方向上进行调整,也可以重复排列或渐变、对比排列,产生节奏和韵律感。(图8-15~8-30)

◆ 图8-17~8-18 可组合式办公屏风

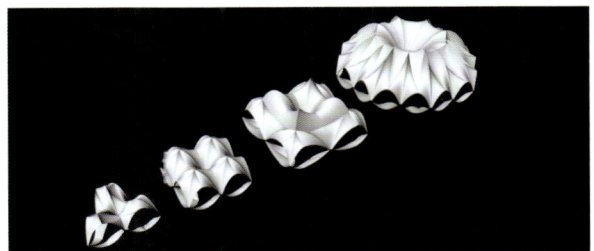

◆ 图8-19 单体递增表现单体群化

◆ 图8-15~8-16 加法构造练习

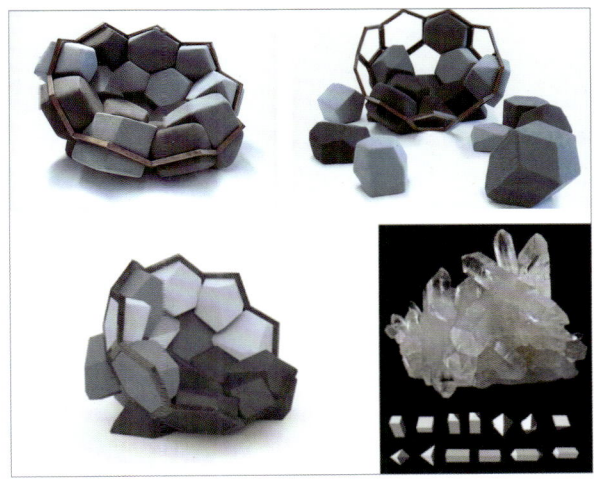

◆ 图8-20~8-23 Quartz扶手椅,Ctrlzak设计工作室,意大利,米兰

◆ 图8-24~8-28 栖息地67，萨夫迪[①]，加拿大
364个立方体堆积出来的房子

◆ 图8-29~8-30 多面体的聚集变现

教学实战：
块的立体构成

要求

选择任意块材，通过对材料加工方式的分析，采用合理的结构方式，构成新形态。

1. 立体造型的平面维度应在30cm×30cm左右。

2. 在作业完成过程中，需对同一种块材提出多种结构和造型方式的假设。

3. 完成的作业应稳定、牢固，体现立体构成物理重心和意象动态的统一。

学生作业

---

① 萨夫迪·摩西（Safdie Moshe），加拿大籍以色列裔建筑师，1938年7月14日出生于以色列海法，早年在以色列完成基础教育，1955年迁居加拿大，毕业于加拿大蒙特利尔市麦吉尔大学（MiGill University）建筑学院。目前在H.P.D. Van Ginkel事务所工作，主要投身于大尺度的都市景观设计。

第 9 章 立体形态综合造型

　　生活中一切有形的物态都能被诠释为抽象形态,而抽象构成中,几何形体又是最基本的形态单位。在立体构成中,我们可以根据简单的几何单体的形态特征来进行组合,赋予其力的变化,从而演变出从体块到空间的不同视觉效果。

9.1 几何形体构成

在抽象形态中,几何形体块的造型是最基本的构成法。立体几何形的单独体可以分为球体、立方体、圆柱体、圆锥体、方柱体和方锥体等几种基本形体。可以是实心的单独体块,也可以是体现空间的空心体块。如果加以物理外力作用进行拉伸或挤压,使这几种基本形态变形,便可以产生具有多种生命力的造型。让几何体块增值或消减再加以重构,是变形的又一种手段。如把这些相同和不同的单体、综合体加以组合,将能变化产生出丰富的造型形态。

9.1.1 球体构成

立体造型中的球体是圆点的放大。自然形态里的原始符号的美学价值象征着美满、团圆和凝聚力量。球体构成是自然形态向艺术造型的飞跃。(图9-1~9-4)

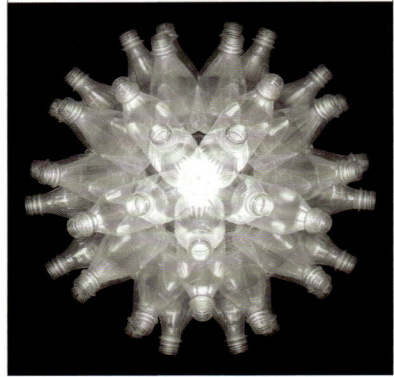

◆ 图9-3~9-4 英国设计师尼克·塞耶斯(Nick Sayers)利用日常生活中常见的物品创作了一系列美丽的球体雕塑,具有灯具、小屋子等功能

9.1.2 立方体构成

立方体有六个面、八个角点、十二个根边线。根据这种形态的基本元素,可以从中进行变形、分割、组合,获得更多造型的构成形式。(图9-5~9-8)

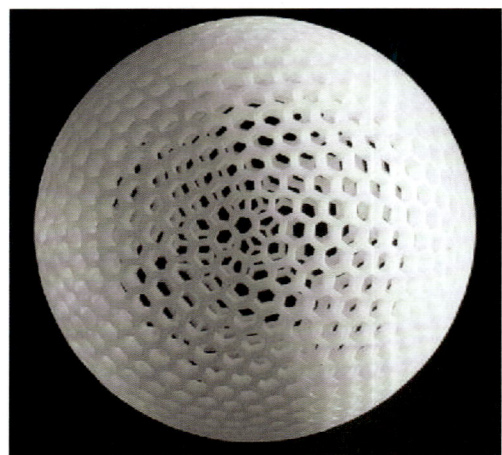

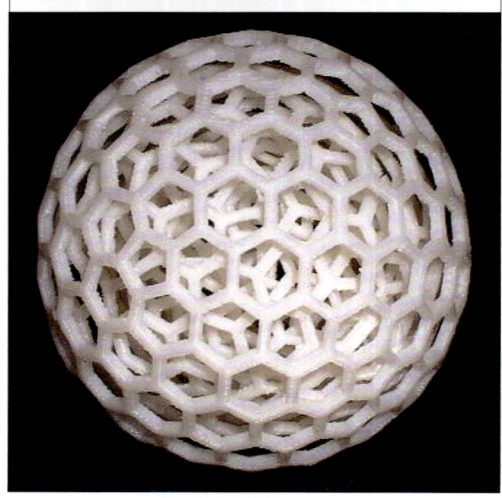

◆ 图9-1~9-2 利用3D打印技术制作的球体构成

◆ 图9-5~9-6 立方体练习

外部形态的内部形式借此得以展现，于是作品拥有了大于原有结构基础之上两倍的层次感。这件作品是温伯格20世纪晚期的代表作品之一，体现了他当时对于玻璃内空间的理解

◆ 图9-7 迟来的云（Late Cloud Piece），斯蒂文·温伯格

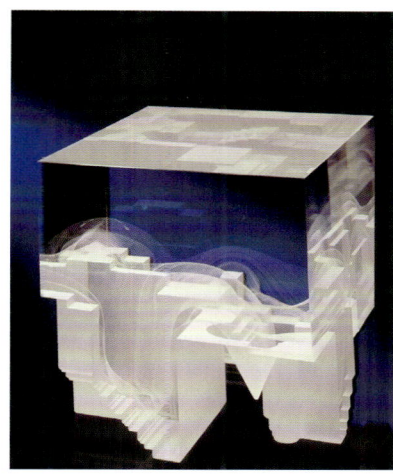

◆ 图9-10 清透的立方体（Clear Cube）
"清透的立方体"是温伯格20世纪90年代早期的作品。这件作品外部的凸起便是内部的凹陷，内部和外部的形态关系处理得更为自然。玻璃底面的起伏变化，源自于温伯格在耐火石膏模具上的处理，铸造前的耐火石膏模具如同一个开口向上的盒子，这些起伏变化存在于盒子的底面，盒子的开口就是模具的铸口，温伯格在耐火石膏模具的铸口上放置玻璃料进行铸造，玻璃料熔化后从铸口流入耐火石膏模具，于是模具底面上的起伏就被反映到了作品的底面上，这是通过处理外部形态来实现内部形态的一种玻璃内空间思考方式

◆ 图9-8 有气泡的清透立方体，斯蒂文·温伯格

TIPS：斯蒂文·温伯格的玻璃艺术
斯蒂文·温伯格（Steven Weinberg）是美国当代著名的玻璃艺术家，他对玻璃内空间的表现和探索体现了他对这一材质的独到理解。20世纪80年代中后期，温伯格开始了玻璃艺术创作，便首先对玻璃内空间产生了兴趣。
由于玻璃材料具有通透性，它具备其他材质所没有的内部空间，这一空间维度最早在吹制玻璃中得以显露。吹制可以实现多层玻璃的叠加，体现内部的层次，构筑玻璃内部空间，这为玻璃艺术创作提供了一个独有的表现纬度。在温伯格开始创作时，美国的玻璃艺术刚开始采用铸造工艺，他便是其中的先行者，并逐渐运用这一工艺探索玻璃内部空间。（图9-9~9-10）

9.1.3 柱体构成

柱体的造型有圆柱体和方柱体，又可以看成是放大的线和圆弧形的面。顶端平切为圆形，斜切为椭圆形。圆柱体的长短及不同的构成有着较大的潜在能力。（图9-11）

◆ 图9-9 圆管状构成体（Component Vessel）
"圆管状构成体"从局部清透的圆形断面可以看到作品的内空间，其

◆ 图9-11 柱体造型

9.1.4 锥体构成

角锥体形状很容易让人想起原始石器时代的利器、哥特式教堂的尖顶和埃及的金字塔。锥体的造型特点尖锐刚劲，具有明确的指向性。（图9-12~9-16）

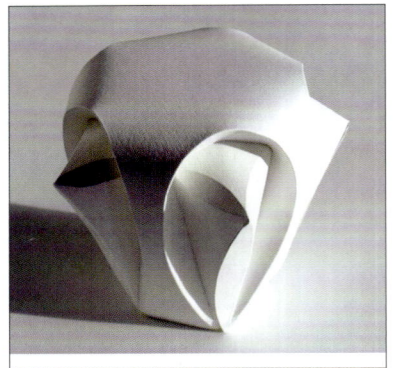

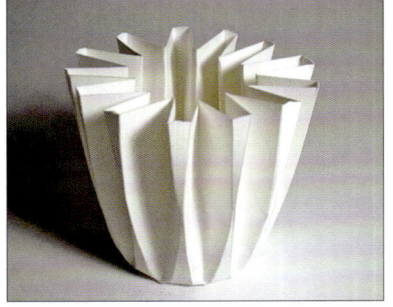

◆ 图9-12~9-13 折纸锥体

◆ 图9-14~9-16 智利和德国建筑团队GUN arch-itects 设计的 Water Cathedral（水教堂）
以水为主要建筑材料，外部以钢筋为主要框架，用布料织物与塑料纸模仿洞穴中的钟乳石和石笋，倒锥体形状的容器将雨水收集到塑料袋内，然后以不同的速度滴下，倒锥形的帷幕与水滴，为游客提供了一个凉爽的氛围

9.2 抽象形体构成

造型上除了几何形体的组合构成外，还有其他各种形态的综合构成。这些构成表现丰富、形式多样，还融合了造型之外的光学、力学、材料学、心理学等领域。所以，本章节把这些构成形式统称为"抽象形体构成"。

9.2.1 动态构成

现代立体构成中，动态构成是根据物理学中的动力因素构成。采用动态的造型方式很多，它可以依靠电力、机械力、风力、水力推动，还可以采取光的跳跃闪动。具体形式可以归纳为三类：支撑力臂式，盘旋滚动式，悬挂风动式。（图9-17~9-20）

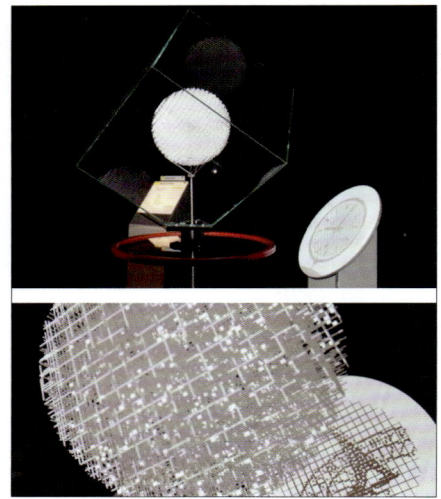

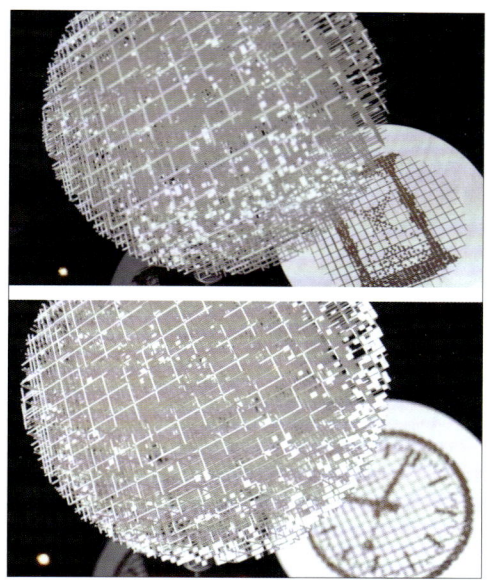

◆ 图9-17~9-20 投影装置，Drzach & Suchy，瑞士科学中心

◆ 图9-23~9-24 起重机玻璃管灯，查利·戴维森（Charlie Davidson），意大利

9.2.2 力学构成

在我们生活的周围，力学构成现象随处可见。它以各种稳定、平衡的模式体现，尤其是在建筑上，如打桩地基、悬空的平台、圆形的拱门、大桥的斜拉索等。这些都是通过各种重心力、支撑力、拉力、压力、夹力来使建筑物稳定的，同时也给人的视觉心理上产生一种"惊险"的视觉美感。（图9-21~9-24）

9.2.3 空洞构成

在现代构成雕塑中，空洞、空间的造型形式是一种虚拟形态的表现，技法上从实体向虚拟空间的转换突破。"空洞"是在实体中钻孔打洞，构成"有无相生"的造型。"空洞"又是实体向外延伸的心理界定范围，并且可与周围环境形成一个整体的构成体。这种虚空的存在充满着活跃的生命力。中国古代老庄哲学中的"大音无声，大象无形"就是对虚空境界美的崇尚。唐朝诗人杜甫有诗云"窗含西岭千秋雪，门泊东吴万里船"，明代也有诗"一琴几上闲，数竹窗外碧；窗外寂无人，春风自吹入"的妙句，都是虚空里想象生命力的虚构体现。现代雕塑大师亨利 摩尔的雕塑风格的演变过程也是在虚空的造型艺术领域里不断探索追求的过程。

空洞的大小、位置形状能产生多种视觉心理因素。在具象模仿的构成中，空洞的概念可以是一个挖空的乳房，一个注视的眼睛。在抽象的虚拟构成中，它又是意象的产物，包容着种种联想的内容。（图9-25~9-30）

◆ 图9-21~9-22 天然实木书架，Mob，墨西哥

◆ 图9-25~9-26 纸立体

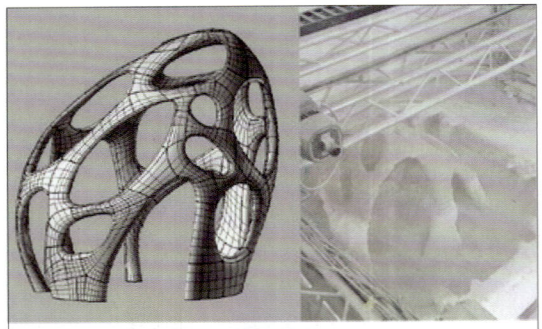

◆ 图9-27~9-30 意大利发明家恩里科·迪尼（Enrico Dini）发明了一台巨大的 3D 打印机，这台机器可以用沙子直接打印立体建筑。有了这台机器，未来不搭脚手架，不需要工人，人们就能完成造房子的事情。
为了测试这台大型打印机，恩里科·迪尼为诺曼·福斯特公司在阿布扎比建造的全球首个绿色乌托邦"马斯达尔城"（Masdar City），打印了一部分建筑的骨架外墙，结果证明完全可行。
现在，他正与诺曼·福斯特建筑设计公司以及阿尔塔太空公司合作，研究设计一种可以使用月球尘埃打印的3D打印机，届时可以在月球上快速建造人类基地

9.2.4 空间构成

空间在立体构成的形式表现上，向外伸延拓展的部分称外空间，是实体的界定空间和视觉容括的感觉空间二者合一的体现。（图9-31~9-33）

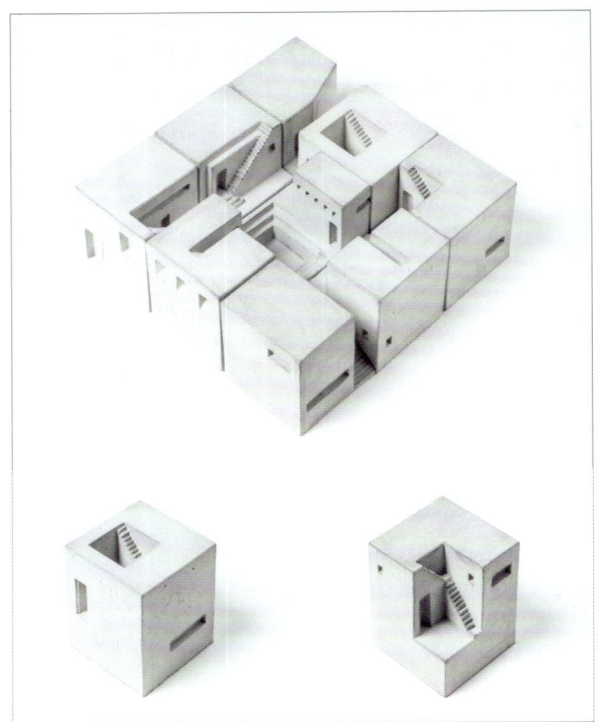

◆ 图9-31~9-33 空间构成练习

9.2.5 仿生构成

仿生构成它是对自然界、生物界的一种模仿形式，经过夸张、简化、变形和秩序组合等创作手段，可以构成各种装饰美的人工形态。（图9-34）

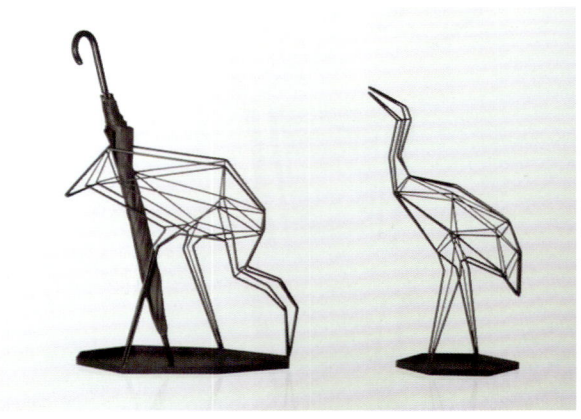

◆ 图9-34 Crane艺术仿生雨伞架，由创意机构Liberté设计。线性的构成方式和仿生的创作手法将一个普通的产品演绎得生动、活泼，如同雕塑艺术一般

9.2.6 软雕塑构成

所谓"软雕塑"是以纺织品材料及各种化纤软性材质构成的，其造型表现的方式除了编织之外，还有缠绕、扎系、折叠、包裹等多种手法。

"软雕塑"的形态是室内理想的装饰。它可以作为立体雕塑立放中间或悬挂空中，也可以作为壁饰挂在墙面，还可以装饰布置整体空间。选用的硬性材料有铁丝、钢丝、竹条、藤条、柳条等。选用的软性材料有毛线、布条、麻绳、线绳、塑料等。（图9-35~9-36）

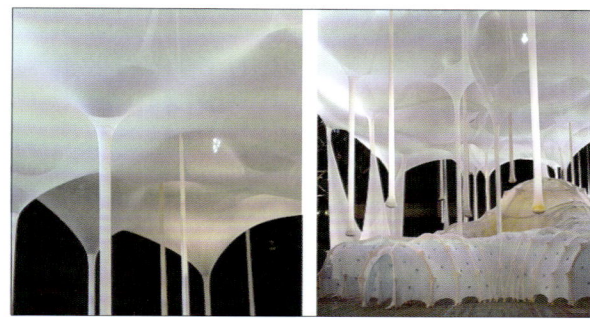

◆ 图9-35~9-36 软雕塑，埃内斯托·内托，巴西

TIPS：
埃内斯托·内托（Ernesto Neto）被认为是巴西当代艺术界的领军人物，他的灵感部分来自于巴西现代实体主义(Neo-Concretism)。埃内斯托·内托创作的抽象装置常常占据整个展览空间。他所使用的材料非常的轻薄。弹性尼龙和棉常常被用到。比如优质的薄膜被拉长固定在天花板上，弹性的纤维挂起来形成一个房间，或者一个类似器官的形状。有时这些形状内填满了有气味的香料，挂起来后仿佛一滴眼泪的形状，看起来又像是一个巨大的蘑菇或者是袜子。又有时他创作一些特殊结构的软体结构，参观者可以通过表面的小开口进入到里面。他还创作过一些类似迷宫的空间，参观者可以进入体验他的作品，并与其产生互动。
埃内斯托·内托的艺术是一种体验，它们时而和人的身体发生关系，时而类似人体器官。他自己描述他的作品是一种从内部对身体景观的一种探索和表现。对于埃内斯托·内托的作品最重要的是参观者应该动起来亲自去和作品产生互动，通过身体接触、气味等去感受。

9.2.7 光立体构成

光的立体主要是人的视觉活动，由光来表现体积和空间的构成叫光立体构成。

光立体构成分为两类：一类是光体固定构成，发光体依附在造型上不动；另一类是投射动感构成，指光与物体之间以发射、交叉形成，并带有闪烁的动感变化，比如烟花、喷水柱等。利用光可以制造物体的变形、形象的消融和空间维度的创造。光源位置的变化、光度和色光的变化以及构成的光体运动变化状况都是光立体构成研究的内容。光立体构成所形成的立体属于虚体。

（1）光照和漫射

光照指光线的照射，是一切物体被感知的基础。漫反射指光线被粗糙表面无规则地向各个方向反射的光学现象。（图9-37~9-40）

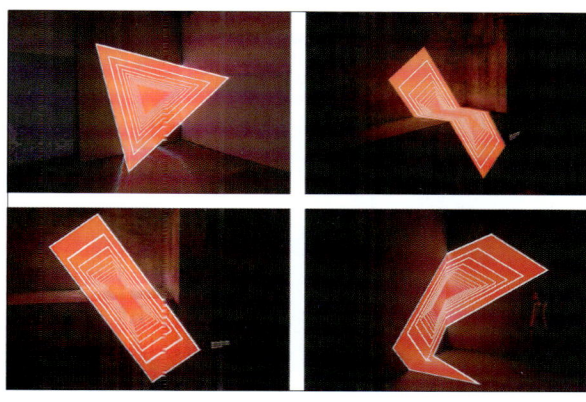

◆ 图9-37~9-40 几何元素图形化，声光艺术装置，奥利维耶·哈特西（Olivier Ra-tsi），法国

（2）光束

光束指空间中具有一定关系的光的集合，分为同心光束和平行光束。同心光束由发光点所发射的光构成，与球面波相对应；平行光束为发光点在无限远处发出的光束，它与平面波相对应。（图9-41~9-42）

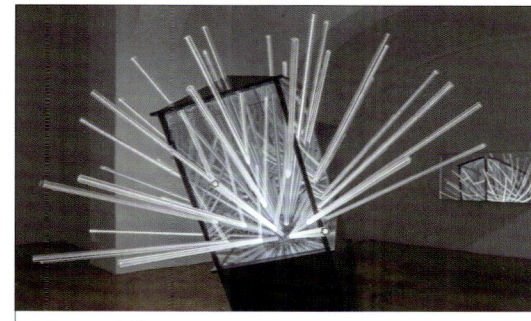

◆ 图9-41~9-42 灯光装置艺术，汉斯·科特（Hans Kotter），德国，柏林
艺术家利用镜子、有机玻璃、LED灯制作出让这些材料相互动和反射的装置，建立起错综复杂的迷人的视觉效果。当三维装置出现在空间中时，众人便被吸入这片宛如光爆炸形成的盛景中

（3）反光：水、镜面、碎玻璃。（图9-43~9-46）

（4）光影：光照被物体遮挡间接形成的构成，遮挡物的构成规律即是光影的规律。（图9-47~9-50）

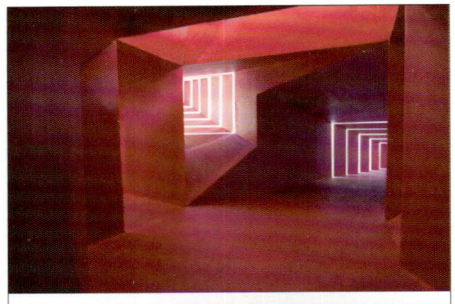

◆ 图9-47~9-50 建筑光空间，装置，美国，Spatial Ops建筑事务所
这个装置是一个看起来神秘的固体，有着复杂的几何形状和强烈的色彩对比以及光变化空间，内部是神秘的紫红色。精确地切割形成奇特的透视效果，让人在这样异常的环境下对尺寸、深度、规模进行审视。人们从一个小木盒子中进入里面，能在装置的内外对其进行观看

◆ 图9-43~9-46 看与被看，摄影，玛利亚·保利（Maria Baoli）

9.3 装置观念构成

装置艺术是指艺术家在特定的时空环境里,将人类日常生活中已消费或未消费的物质文化实体,进行艺术性地有效选择、利用、改造、组合,以令其演绎出全新的、具有丰富精神文化意蕴的艺术形态。简单来讲,装置艺术就是"场地+材料+情感"的综合展示艺术。(图9-51~9-52)

9.3.1 成品装置构成

早期的装置艺术是一种直接用实物作为艺术表现媒介的现代艺术形式。装置艺术是利用现实生活中种现成品(包括前人的艺术品),通过直呈、挪用、拼置或错位等"陌生化"处理方式进行聚集、集合、装配的艺术形式,是在后现代主义风格中成长起来的,最早被称为"现成品艺术"。作为一种新的艺术形式,装置艺术的出现在一定程度上改变了人们对规范世界的认知和感受世界的方式,启发了艺术家以新的呈现方式增强艺术的表现力。现成品不再是单纯的通过艺术家的选取建构一种陌生化的再造物,而是作为一种调节方式作用于各门类艺术之间,为它们服务。(图9-55~9-56)

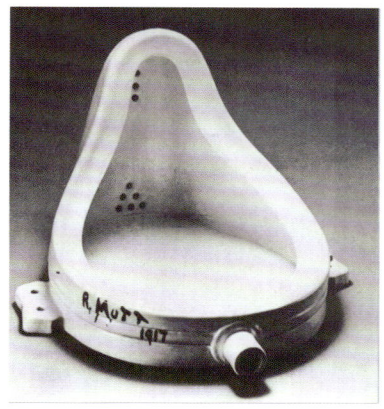

◆ 图9-51 泉,装置艺术,杜尚,法国
1917年,杜尚将一个从商店买来的男用小便池起名为《泉》,匿名送到美国独立艺术家展览要求作为艺术品展出,《泉》一经展出立即引起各方哗然和无休止的争论,成为现代艺术史上里程碑式的事件。作品以现成品来实现,以此来否定传统绘画等艺术品的仪式感与崇高性,表达了艺术家对现代艺术的蔑视与批判

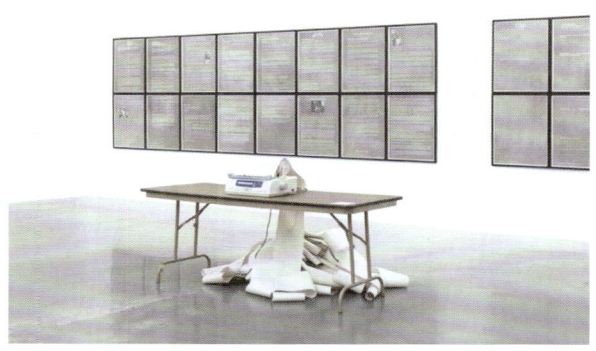

◆ 图9-55 新闻,现成品装置,汉斯·哈克[①],德国

◆ 图9-52 自行车轮胎,装置艺术,杜尚,法国

◆ 图9-56 Collateral,现成品装置,汉斯·哈克,德国

---

① 汉斯·哈克(Hans Haacke),德国艺术家,自20世纪60年代起开始献身于制作有关艺术、资本和权利之间关系认知的作品。

成本装置构成的作用有如下三条。

（1）推进了艺术创新，强化了创作的偶然性

巴尔扎克有句名言："偶然是世界上最伟大的艺术家"，说出了"偶然性"与艺术创作的关系是何等的密切。艺术创作往往带有一定的偶然性。西班牙著名画家米罗曾说："偶然性产生了永不消失的惊奇感"，米罗的雕塑每每富有新意、富有个性，往往又显得滑稽诙谐。由于材料绘画创作中，对一些实验性的材料特性的不熟悉，在制作过程中会出现很多的偶发性效果。综合材料肌理的偶然性、随机性以及抽象性和象征性可以让审美主体产生联想，也给艺术家的创作提供了相当大的空间。这种抽象或具体的偶然性引发出的美感是前所未有的。这些偶然效果能使创作者为之兴奋，同时也强烈地激发着他们的创作欲望，很多的创作灵感都是在这些偶然效果的刺激下产生的。正如罗丹所说："在别人司空见惯的东西中发现出美来"。发现和选择艺术语言的表达材料也是艺术家修养高低的重要表现。优秀的艺术家善于将寻常的一种材料转换为表达内在的精神语言，将材料和表现内容有机地组合，形成材料本身的表现力。因此，在材料的观念拓展上，艺术家的思维具有很强的开放性、创新性特征。

（2）丰富了装置艺术的形式美，增强了装置艺术的表现力

现成品材料在艺术设计中的作用主要体现在两个方面，一是功能方面的，包括材料的物理化学性能，以及材料的基本特征；二是材料美学方面的，主要是材料材质美感方面。为追求设计的形式美感，在装置艺术中，我们可以利用现成品材料自身的表面肌理，或者对这些材料的表面肌理进行艺术的再加工，从而产生新的肌理层面。肌理通过感知可以分为视觉肌理和触觉肌理两大类。视觉肌理是我们可以直接用眼睛看到的肌理，例如大树年轮产生的肌理，布料纹理产生的肌理。触觉肌理即用手抚摸能感觉到的有凹凸起伏感的肌理。在适当的光源下，视觉也可以感知这种触觉肌理，如岩石表面的凹凸肌理。因此，装置艺术不同于其他艺术，艺术家往往在展览期间根据作品的需要增减作品甚至重新组合。通过不同材料之间的对比，可以形成很多的肌理，其表现的形式随着材料的综合、多元化，仍在不断地创新，给装置艺术领域带来了丰富的美感和极强的表现力。

（3）丰富了装置艺术的文化内涵

现成品材料拓展了审美的新领域，丰富了装置艺术的文化内涵。经过20世纪西方现代主义艺术运动的变革和推动，现成品材料在装置艺术中的文化表达已渐渐成为现代艺术创作中一个重要的、具有鲜明特点的表现手法和审美思维方式。现成品材料的运用既是表达个体精神的手段，同时又带有普遍社会意义和文化性质，所以将材料语言提升到文化的层面加以关照和研究也就显得尤为重要。艺术创作正是借助丰富的材料语言与媒介，来体现相应的时代精神与文化观念。现代主义绘画大师康定斯基（1866—1944）曾形象地比喻："每件艺术品都是它那个时代的孩子，也是我们感觉的母亲。每个文化时期，都有自己的艺术，它无法被重复。"在当代艺术领域中，客体和主体也已发生了根本性的变化，而材料也已转化成一种特殊的文化表现形态。

9.3.2 室内装置构成

装置构成的形式多样，可以是实体造型，也可以利用空间构成，可以是室内整体构成，还可以是户外环境整体装置构成，甚至是"艺术造街"。（图9-57~9-60）

◆ 图9-57~9-60 Situ工作室为纽约布鲁克林博物馆创作新的室内装置，用以重新排列展品

9.3.3 户外装置构成

户外装置可以结合地景与环境现场去考虑，也可以是行为艺术的表现。（图9-61~9-64）

◆ 图9-61~9-64 "放射性控制"是一个大型户外装置艺术作品，艺术家在一个有点调侃意味的语境下，幻想着人们能从日本核辐射泄漏事故中逃脱，通过这件作品来反思核电站的安全性。
这件作品是西班牙艺术工作室luzinterruptus为德国汉堡Dockville艺术节创作的。他们一共花费了6天时间将作品组装完成。

教学实战：从具象到抽象——三维构成创作

目的

1. 从中国人熟悉的具象联想式思维习惯出发，学习运用抽象手段进行转换表达的能力。
2. 学习视觉表达（Communication）的方法与技巧。

内容

1. 动机与主题：选择一个具象物（植物、花、果）分析其结构（手绘）。
2. 文献研究：分析类似动机或主题的大师作品。
3. 将主题动机转换成具有典型线材、板材、块材特征的三维形态或空间。从具体物品的形状引申出深层文化意义，将抽象理念具象化为形象。材质形式不限。

要求

1. 三维作品每人1件。尺寸在20cm × 30cm范围内 单元之间的联系方式不限。
2. 详细记录过程的文本作业一份：用A3大小纸面将所有作业过程加以记录，并将设计思维进行整理和分析，将整个过程通过图形文本和照片的方式进行描述，使之以文本的方式得以呈现。通过这一文本，我们可以清晰地看到整个作业的全过程：最初的原发点，思考、制作、分析、设想的过程及最后的表达效果。

第10章 立体构成的设计应用

现代设计是一门科学技术与艺术相融合的学科，而立体构成教学、训练的目的就是为进行立体造型设计打基础。立体构成教学是设计的专业基础课程，它立足于对立体造型可能性的探索，而完全不考虑造型的功能等因素，旨在讨论、研究立体造型的原理、规律和构造训练。立体构成的学习、训练不是目的，而是提高、完善现代设计能力的重要手段。这一章节将对某些立体造型设计的内容做些简单的介绍和分析，从而使学生进一步了解立体构成在各类设计中的运用，加强认识立体构成学习的重要性。

10.1 立体构成的创新

现代创新设计是一个综合的设计概念,以一定的材料、视觉为基础,将造型要素,按照一定的构成原则组合成合理的形体。以纯粹的或抽象的形态为素材,探讨更合理、表现更完美的形态构成。探求包括在各类设计中对材料形、色、质等心理效能和材料强度,及加工工艺等效能几个方面。在此阶段中,通过对多种材料的接触,感受与了解它们各自不同的特征,掌握和运用材质在现代创新设计中的组织能力,对立体构成形态在现代创新设计中的运用提升了一个新的领域。

10.1.1 传统立体构成的研究对象

在传统立体构成设计中,我们所研究的是物体点线面之间的关系,所要解决的问题是它们之间形态的结构关系和如何构建一个物体之间的美学原则。立体构成是造型设计的重要基础,主要是围绕空间的立体造型活动,展开对造型中的各种要素(点线面)的体积、空间、材质等不同的三维形态的重要元素进行研究,旨在掌握立体造型的基本方法。因此,形态本身产生的语言及形态与形态之间关系是造型过程中必须解决的问题。

10.1.2 当代立体构成的服务对象

立体构成设计的关键在于创造新的形态,提高造型能力,同时掌握形态领域的分解对形态进行科学的解剖,以便重新组合。作为研究形态创新设计领域的立体构成,所涉及的学科包括城市形象设计、建筑设计、室内设计、工业造型、雕塑、广告等。除在平面上塑造形象与空间感的图案及绘画艺术外,其他各类造型艺术都归立体艺术与立体造型设计的范畴。其特点以实体占有空间、限定空间、并与空间一同构成新的环境、新的视觉产物。

10.2 立体构成的应用表现

我们现在的创新设计领域主要涵盖城市视觉形态设计、各类工业产品设计及有空间意义的视觉传达设计。传统的设计类学科如平面设计中所呈现的新形态不再局限在二维的表现形式上,更多的设计创意融合了立体形态、造型设计等因素。在设计这些传统学科时必将产生一个新的学科,这也是传统学科的综合体现。立体构成设计研究在三维空间中的形态造型,在各类工业产品设计中的应用,涉及了对客观生活规律与形式美感关系的理解,对创造规律的理解和应用,对造型要素和要素关系的研究,对产品造型材料、工具、技法和形式的立体研究与开发。立体构成设计既是对视觉语言和造型艺术中形式美感产生与创造规律的研究,也是对创新形式与创新方法的探索,其是功能性和美观性的结合。

10.2.1 立体构成与雕塑设计

雕塑不是单纯的自我表现,是与环境、建筑的有机结合,是立体造型手法的恰当使用。关于雕塑的运用造型多样、材料多种、手法各异尽可能地以造型、材料和工艺的美感来体现环境的魅力。

10.2.2 立体构成与产品造型设计

产品造型设计是科学技术与艺术的融合,是工业产品的使用功能和审美情趣的完美结合,所以,在产品造型设计中特别强调产品设计的功能性、审美性和经济性。随着时代的发展,现代产品造型设计的发展也已经历了一个多世纪。在发展中,产品造型设计被更多地注入了精神和文化的内涵。产品造型的设计过程是把抽象的理念和技术转化为可以摸得到的实实在在的东西,这种抽象的理念就是创造性思维。产品造型要以立体构成为基础,运用立体构成的思维方法,在产品的形态中感受、分体、推敲形体。采用立体构成的手段,将单纯立体形态上的节奏、曲直、刚柔、质感等合理表现在产品造型设计上。许多好的立体构成造型,只要融入实用功能就会成为一件工业产品的设计造型。(图10-1~10-6)

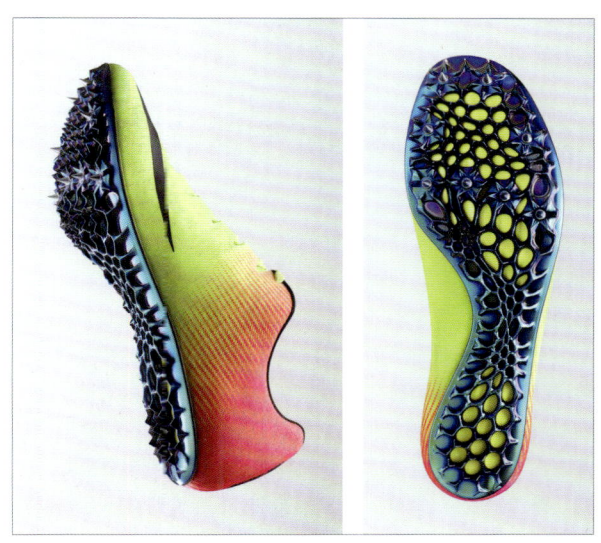

◆ 图10-1~10-2 耐克足球鞋

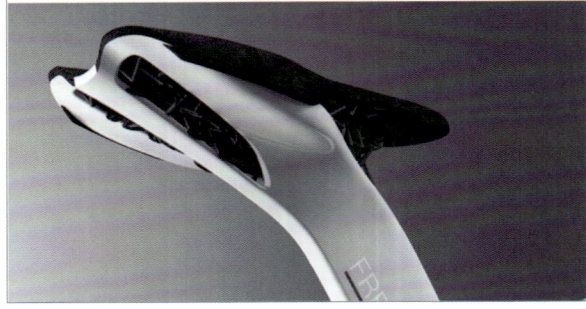

◆ 图10-3~10-6 22 Triathlon自行车

10.2.3 立体构成与建筑设计

建筑设计是对空间进行研究和运用的艺术形式。空间问题是建筑设计的本质，在空间的限定、分割、组合的过程中，同时注入文化、环境、技术、材料、功能等因素，从而可以产生不同的建筑设计风格和设计形式。

空间以及空间的组织结构形式是建筑设计的主要内容。建筑设计是在自然环境的心理空间中，利用建筑材料限定空间，构成一个最小的物理空间。这种物理空间被称为空间原型，并多以几何形体呈现。由某种或几种几何形体之间通过重复、并列、叠加、相交、切割、贯穿等方法，相互交织在一起，共同塑造建筑的形态。（图10-7~10-9）

◆ 图10-7~10-9 大蜂巢，2015年米兰世博会英国馆，意大利，米兰 沃尔夫冈·巴特雷斯（Wolfgang Buttress）+ BDP

10.2.4 立体构成与室内设计

立体构成在室内设计中的应用首先体现在空间形象分割上，对建筑内部空间进行处理往往采取垂直交错配置，水平穿插交错，打破上下对位、覆盖，形成一个相互穿插的立体空间。这本身就是立体构成中空间对比和线材结构要解决的问题。其次是体现在室内界面处理上，对地面、天花板、墙面进行分割，对空间实体、半实体进行处理，采取几何曲面的消减和增加的手法，达到生动活泼的效果。最后是体现在室内陈设中，家具造型的设计与选择，要应用立体构成的对比协调的形式原理，当环境较为简洁时，采用立体构成的几种方法可使环境与室内陈设相映成趣。（图10-10~10-12）

10.2.5 立体构成与展示设计

在高科技迅猛发展的今天，信息沟通和交流的重要性已被人们所认同。表现为信息沟通和交流提供了全新的空间环境和方式，诸如展览会、商业展示厅、产品陈列室、博物馆、画廊等，因此人们形象地称展示为"空间传播媒介"。它已成为产品形象和企业形象传播的有效工具。

展示设计的本质是人为环境创造、空间运用和场地规划的艺术。因此，展示设计所面对的是展示道具的形态塑造和布置，色彩的运用及灯光照明布置，以及营造出特定文化背景下的艺术气氛及环境；通过空间的划分、联系，从而对人为活动进行引导，创造人与人，人与物之间舒适、轻松的活动空间和交流空间。

在展示设计的过程中，空间运用和立体造型是两个不可回避的课题，这和在立体构成中所讨论和研究的原理、规律是相一致的。（图10-13~10-14）

◆ 图10-13~10-14 Moroso家具展位设计，Interior Biennale 2006，比利时

10.2.6 立体构成与包装设计

包装是指对商品进行贮存，保护商品完整免受损坏，方便商品运输、携带和使用。同时，包装装潢，有利于商品的识

◆ 图10-10~10-12 CRAFT餐厅室内，Sameep Padora & Associates设计，印度

别。包装的造型都是在立体构成的柱体、立方体、锥体、球体等几种原型基础上加以变化而成。包装的分类为一次包装、二次包装和三次包装。

一次包装也称为内包装或小包装，它直接对商品进行包裹或贮存。如果商品是某种无形物质，如香水、酒类、饮料、调味品、部分食品等液态或粉状、小颗粒物质，多使用容器包装。这些容器的造型设计就至关重要，容器造型的设计不仅要考虑外部立体形态美的塑造，同时还会受到容器内空间（容量）的限制。容器造型的这些设计因素的考虑，本质是对立体构成中物理空间的界定、体与量的关系等原理的充分运用。

二次包装又称中包装，三次包装也称大包装、外包装。这些包装主要是对商品加强保护便于商品运输、携带和堆放。因此这类包装都较为整体、单纯，多呈现几何形态，与立体构成的单体构成极为相近。另外包装目的是要保护商品免遭损坏，因此包装材料的特性也是包装设计要考虑的因素，材料要素也是立体构成中的重要部分。

在包装设计中，立体构成的知识在包装结构上的应用更是直接。包装设计的纸盒结构无论是在切割、折叠和插接等加工方面，还是在立体造型的结构、原理和规律方面，都和立体构成中的纸立体构成有着千丝万缕的联系。（图10-15~10-18）

◆ 图10-15~10-18 NIKE运动鞋盒包装设计

10.2.7 立体构成与服装设计

服装设计素有"软雕塑"之称。服装整体造型和立体构成造型一样，也是由圆形、三角形、方形三种最基本形态组成。设计的过程就是一个从组合到分割或从分割到组合的过程，通过对三种基本形态的分割拆解、变化拼接组合，形成千姿百态的服装造型。1954年法国服装设计大师巴伦夏卡推出的被称为"布袋式"的型就属于长方形。1956年时装设计大师克里斯汀·迪奥首创推出"箭形"，属于"A"形外形，也称三角形。其特点是上身小而窄，强调胸部，夸张下身裤子或裙子的宽大，尤其适合女性大衣和连衣裙的下摆。"O"形又称球形，外观像灯笼，有长圆和扁圆的变化。一般用在肩、下摆处可显得丰满圆润。1960年皮尔卡丹设计了圆形、螺旋形系列，给人以外观造型上的震撼，赢得了欧美服装界的博采。

服装外形交叉组合结构的使用方法和立体构成造型一样，有联合、减缺、覆盖、透叠、嫁接等手段。立体构成的基本元素点、线、面应用在服装内形结构上更是千变万化，各种内结构分割线、纽扣点、摺裥面的表现也是促成服装造型美的关键。（图10-19~10-46）

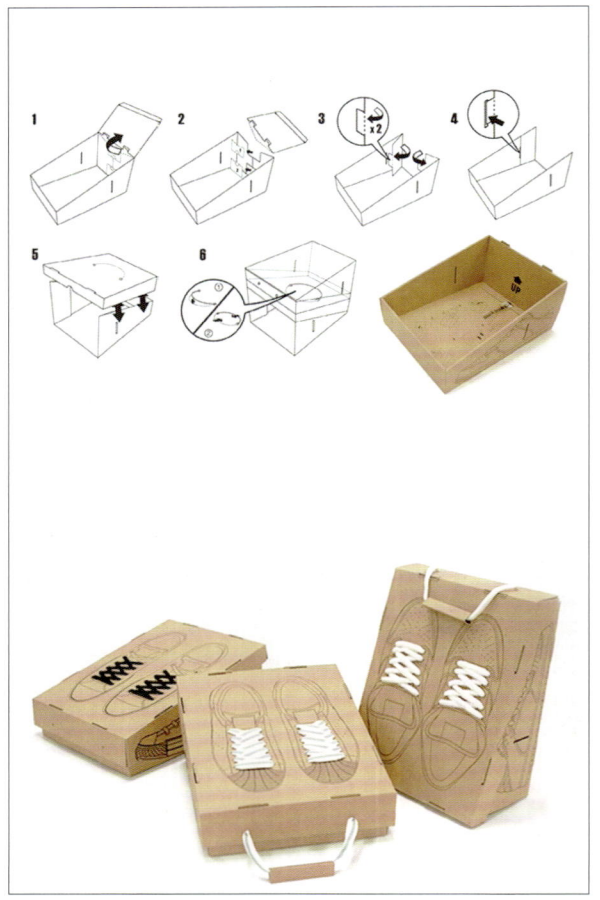

第10章 立体构成的设计应用

◆ 图10-19~10-20 时装设计，斯路里·雷希特（Sruli Recht）

◆ 图10-25~10-26 《嘎嘎哇咖：奇异化》展览上的服装，维万·桑达拉姆（Vivan Sundaram），印度，德里

◆ 图10-21~10-24 采用拼接方式设计的范思哲服装

◆ 图10-27~10-30 L'Officiel杂志环保时装摄影，亚历山德拉·扎哈若娃（Alexandra Zaharova）、伊利娅·普洛特尼科夫（Ilya Plotnikov），俄罗斯在全民大呼环保重要的时代，纸制品是备受青睐的，纸裳也就应运而生。这些用纸制作的服装保持着普通纸张的特性，有着坚挺的线条和折痕，外部边缘也保留着纸的直线形

103

立体构成

◆ 图10-31~10-36 Escapism，3D打印服装设计，丹尼尔·威德里格（Daniel Widrig）、艾里斯·范-荷本（Iris Van Herpen），2010年阿姆斯特丹时装周

这是建筑师丹尼尔·威德里格和荷兰时装设计师艾里斯·范-荷本合作的项目：Escapism，有史以来第一个三维打印的时装系列。项目始于在2010年的阿姆斯特丹时装周亮相的Crystallization，而Escapism则在今年早些时候的巴黎时装周上璀璨亮相。

Escapism力求探讨先进的数字化设计及电脑辅助制造在高级时装领域的可能性及潜力。为了让Escapism穿戴起来更舒适，此项目拓展了三维打印的极限。服装由非常纤细的集群纤维构成，这使得其轻盈、灵活，还能经济生产。如果没有穿着度要求以及模特走猫步因素的限制，设计师们可以创造出更大的物件

◆ 图10-37~10-46 服装设计师贝亚·森费尔德（Bea Szenfeld）设计 约埃尔·罗丁（Joel Rhodin）拍摄的一组时尚大片。不过这些衣服都不是真的衣服，而是由纸制成的

附录 立体构成所需工具

1. 测量、放样工具

直尺、角尺、画线锥和画线规等。

2. 剪裁、切割工具

美工刀、手术刀、切圆刀、剪刀、手锯、钢锯、电动手锯。

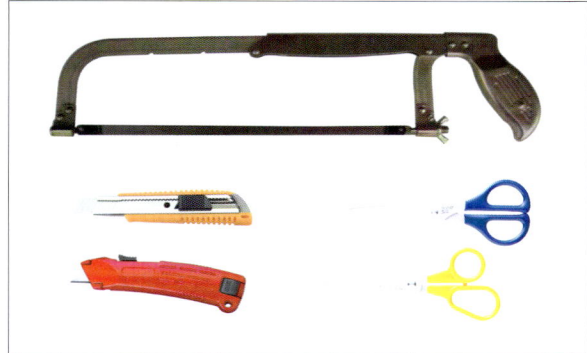

3. 钻孔工具

弓摇钻、手摇钻、手电钻、麻花钻头和木工螺旋钻头。

4. 切削、打磨工具

木刨、木工凿、板锉、圆锉、半圆锉、三角锉、铁剪和多用刀。

5. 组装工具

老虎钳、台钳、锤鱼钳、冲子、螺丝刀。

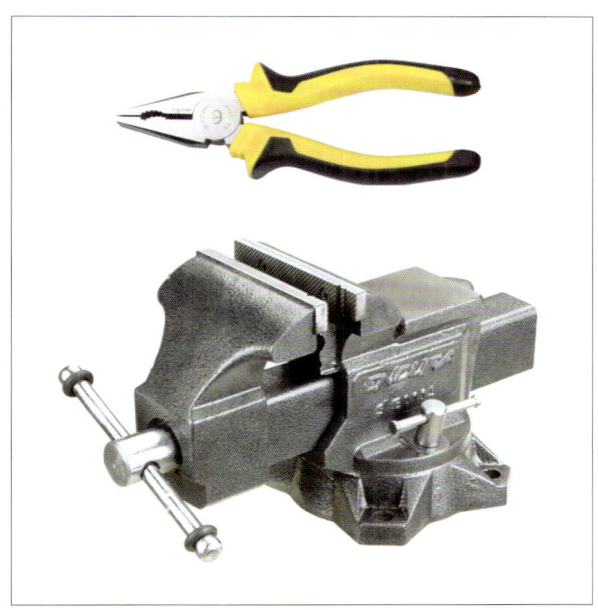

参考文献

《艺术·立体构成》，朝仓直巳（日本），中国计划出版社，2000.10

《形态构成学》，辛华泉，中国美术学院出版社，2004.08

《立体构成》，辛华泉，湖北美术出版社，2002.08

《立体构成》，卢少夫，中国美术学院出版社，1993.06

《立体构成之基础》，高山正喜久，大陆书店

《建筑形式美的基本原则》，托伯特·哈姆林（美），中国建筑工业出版社

《建筑:形式·空间和秩序》，弗郎西斯·D.K.钦（美），中国建筑工业出版社

《设计基础》，日野永著，辛华泉译，中国工业设计协会，1981

参考网址

http://www.zimandzou.fr/，Zim & Zou 纸艺